CREARE DOPO L'ABUSO

COME RIPRENDERSI DA UN TRAUMA E
RIPRENDERE IL CONTROLLO DELLA PROPRIA
VITA QUANDO TUTTO IL RESTO HA FALLITO

2A EDIZIONE

DOTT. LISA COONEY

INDICE

Questo libro è dedicato a coloro che hanno vissuto con una "gabbia invisibile" attorno a sé e sono pronti a uscire da questa gabbia accettando che loro (tu) sono la chiave.

Tu sei la chiave per liberarti da tutto e da tutti. È una tua scelta non cadere vittima di invenzioni che ti impediscono di raggiungere il tuo ROAR! vivere.

Ora più che mai è il momento di creare qualcosa DOPO l'abuso e smettere di permettere al passato di dettare il tuo futuro.

E se tutto nel tuo passato fosse un'opportunità di crescita post-traumatica? Questo è ciò che scelgo.

Sarò eternamente grato per tutta la formazione e le esperienze che ho potuto acquisire per aiutare me stesso e gli altri. Sono particolarmente grato a tutti coloro che hanno contribuito a ROAR ora e in passato.

E a te, lettore! Creiamo il mondo che sappiamo essere possibile!

RINGRAZIAMENTO

Questo libro ha impiegato molto, molto tempo per essere gestato. Ora so che ho dovuto fare i conti con come gestire la mia vita e i miei affari dopo l'abuso. E mi ci è voluto del tempo per raggiungere questo obiettivo. Sono grato per il flusso e il riflusso e che questo libro mi abbia guidato così amorevolmente.

Mi riconosco per non aver mai rinunciato a lui o a me stesso. Sono determinato a mostrare un altro modo per guarire e creare dopo decenni di abusi nelle sue molteplici forme.

Quando le persone riconoscono la gabbia in cui vivono, si aprono nuovi paradigmi per guarire dagli abusi e orientarsi dopo l'abuso.

Riconosco che tutti noi abbiamo un dono, un'idea e un contributo al cambiamento e alla guarigione su questo pianeta. Per me questo libro è parte di tutto ciò. Ti do il benvenuto alle tue creazioni e spero che questo libro ispiri anche te a farlo. L'abuso non è la fine, ma l'inizio per riprogettare la tua vita adesso.

Quindi vai avanti, diventa creativo! In questo modo eliminiamo gli abusi. Non ci fermiamo, cresciamo oltre e viviamo fedeli a noi stessi.

Quali altre opzioni ci sono? E come puoi sceglierla adesso?

FUGGIRE DALLA GABBIA: OLTRE GLI ABUSI E RADICALMENTE VIVI

Ho trascorso gran parte della mia vita adulta alla ricerca di modi per guarire dagli abusi.

Come la maggior parte delle persone che conosco che vogliono guarire dagli abusi, ho guardato fuori di me, senza rendermi conto che ero già la risorsa per la mia guarigione. Ho sempre avuto la sensazione che se avessi seguito un altro corso, assunto un altro terapista o imparato da un altro insegnante, avrei magicamente trovato la chiave. Ma la chiave per guarire dagli abusi è già dentro di te. La bugia che ti è stata propinata finora è che devi trovare la guarigione al di fuori di te stesso. Se stai cercando una risposta fuori di te, in questo libro esploreremo un modello completamente diverso. Ti mostrerò che esiste un modo non solo per lasciarsi alle spalle una storia di abusi, ma per vivere una vita che sembri "radicalmente viva".

Esistono numerosi miti sulla trasformazione derivante dagli abusi di cui potresti esserti innamorato, e questo libro dissiperà anche quelli:

- **Il primo è che devi farlo da solo.** Se hai adottato la "mentalità del sopravvissuto", probabilmente sei abituato a lottare e a provare a fare tutto da solo. Parte del nuovo paradigma per guarire dagli abusi è riconoscere che non è necessario.

- **Il secondo mito di cui potresti esserti innamorato è che non hai scelta.** Ciò che intendo con questo è che non hai scelta quando si tratta delle azioni e reazioni automatiche che derivano dall'abuso. Come sottolineo in questo libro, in ogni momento c'è una scelta. È solo che fino ad ora potresti non essere stato consapevole di avere una scelta, per non parlare di come cambiarla. Non c'è niente di più importante in questo mondo e nella tua vita che scegliere un'opportunità più grande per te stesso.

Il mio approccio è quello di nominare ciò che non è stato ancora nominato in modo diretto, genuino e compassionevole. Mi riferisco alle tante forme di abuso che ancora oggi vengono tollerate e continuate.

Quando parlo di abuso, non intendo solo le forme più familiari di violenza fisica e sessuale. Mi riferisco anche ai metodi subliminali e socialmente accettati che utilizziamo per manipolarci, controllarci e opprimerci a vicenda. Ci sono molti volti dell'abuso. Ciò include il modo passivo-aggressivo in cui abbiamo imparato a comunicare tra noi come razza umana. Qualcuno potrebbe dire che va bene, non preoccuparti, e allo stesso tempo comunicare con un tono che suggerisce che non va bene e che pagherai più tardi. Oppure qualcuno ti dà amore e attenzione fintanto che fai esattamente quello che vuole, e non appena dici o fai qualcosa che non gli piace, lui o lei scuote la testa, si volta dall'altra parte e diventa Tranquillo. Potrebbero dire che hai una scelta, ma ti puniranno se non fai quello che hanno immaginato.

Il risultato è che molti di noi si aggirano in una "gabbia di abusi" senza saperlo. La gabbia che esploreremo in questo libro è una sorta di "scudo invisibile" che i sopravvissuti agli abusi costruiscono inconsciamente attorno a sé. Spesso le persone maltrattate non si rendono nemmeno conto di vivere ogni giorno in questa gabbia. Conoscono solo il sentimento di limitazione, pesantezza e ristrettezza. Le cose non sembrano così luminose come potrebbero essere. E non sono sicuri del perché. Alcuni danno la colpa a malattie croniche, depressione o qualcos'altro.

Non importa se l'abuso è stato sessuale, fisico, spirituale, finanziario o emotivo, o se si è trattato di un singolo evento o di una serie di incidenti.

In ognuno di questi casi portiamo con noi un profondo senso di ingiustizia fuori luogo fin dall'inizio. Appartiene all'autore del reato, ma lo accettiamo come nostro. Quindi modelliamo le nostre vite a partire da questo stato interiore di ingiustizia. Il risultato è che diamo molto potere all'autore dell'abuso e abbiamo pochissima consapevolezza di noi stessi. Se hai subito abusi, probabilmente hai imparato strategie per aiutarti a far fronte, tollerare e funzionare in ambienti violenti. Ad esempio, se ti è stato detto di stare zitto quando inizi a parlare, probabilmente hai imparato a parlare meno o a parlare solo quando sei sicuro che tutti siano d'accordo. Oppure, se sei felice ed emozionato e qualcuno viene e ti dice di rimetterti in sesto, potresti imparare che la gioia e l'eccitazione sono sbagliate o che turbano gli altri. Metaforicamente parlando, impariamo a piegarci, a piegarci e a mutilarci per entrare nella gabbia. Ad esempio, siamo felici solo quando le persone intorno a noi sono felici, oppure non vediamo le cose come realmente sono e ci comportiamo invece come se tutto andasse bene (anche quando sappiamo che non è così o rinunciamo ai sogni e alle preoccupazioni). desideri per i quali gli altri ci giudicherebbero.

Fino a quando non diventeremo consapevoli dei sistemi di credenze e delle limitazioni che abbiamo adottato in questa gabbia, continueremo ad attrarre tutta la vita da questo luogo e a prendere decisioni da questo luogo.

- Se crediamo di non essere abbastanza bravi da essere amati per quello che siamo, permetteremo alla nostra vita di accogliere persone che ci giudicheranno o criticheranno allo stesso modo in cui hanno fatto i nostri genitori.
- Se crediamo che ci sia qualcosa di sbagliato in noi, troveremo persone che la pensano allo stesso modo.
- Se crediamo che accadano cose brutte ogni volta che siamo felici, attireremo le persone che si sentono minacciate dalla nostra felicità e ci puniranno per questo.
- Se crediamo che tutto quello che è successo sia colpa nostra, troveremo persone che non si assumono la responsabilità delle proprie azioni e hanno imparato a incolpare gli altri per essersi comportati come loro.

Finché non ne prenderemo coscienza e non riusciremo a uscirne – ed è esattamente ciò che vi mostro in questo libro – soffriremo. Solo quando ne diventiamo consapevoli possiamo iniziare a scegliere.

Questo processo richiede tenacia e determinazione – ciò che mi piace chiamare tenacia della coscienza – per riconoscere come la tua realtà la gabbia in cui hai vissuto e che ti ha tenuto in una storia infinita di abusi, disabilità e limitazioni. Il mio obiettivo è aiutarti a realizzare che hai la capacità di creare una nuova realtà e di liberarti delle vecchie strutture e bugie che ti hanno tenuto in gabbia.

COME FUNZIONA QUESTO LIBRO

Questo libro ti aiuterà a uscire dalla tua gabbia invisibile. Ma prima di farlo, devi riconoscerlo, abbracciarlo e sapere che è lì. Il mio approccio è quello di nominare ciò che probabilmente non hai ancora nominato. Una volta assegnato il nome alla gabbia, puoi vederla. Puoi sentire i suoi confini e le sue sbarre e puoi uscirne. Prima che tu te ne accorga, ti tiene dentro, influenzando ogni tua decisione, ogni tua mossa e ogni tuo pensiero. Modella la tua realtà e la percezione di te stesso.

Se hai passato la vita in una gabbia, probabilmente pensavi che quella fosse la tua unica scelta. Per la maggior parte delle persone con cui ho lavorato, l'idea di poter scegliere inizialmente era fonte di confusione. Ci è stato venduto il mito secondo cui le nostre vite saranno per sempre piene di sofferenza solo perché abbiamo subito abusi. La tua vita finora ti ha probabilmente fornito molte prove che è così. Potresti non aver nemmeno considerato una scelta. Ma questo libro non solo ti mostra come prendere decisioni diverse, ma ti fornisce anche gli strumenti per farlo.

Potresti aver già investito molto tempo ed energie nel tentativo di guarire dagli abusi. Forse non hai ancora visto i risultati che volevi. Ho scoperto che molti strumenti e pratiche riguardano la riparazione o la guarigione di te stesso e il recupero di qualcosa che pensi di aver perso. Il modello terapeutico tradizionale ci insegna che per essere liberi bisogna " aggiustarsi " da soli . Quando adotti questo modello, presumi che ci sia qualcosa che non va in te e cerchi soluzioni per risolvere il problema. Questo diventa un pozzo senza fondo da cui non esci mai perché non ti senti mai guarito o intero. Forse hai già camminato in ambienti simili, chiedendoti se tutto ciò finirà mai e aspettando il giorno in cui sarai finalmente guarito.

Come psicologo PhD, conosco le convinzioni e i limiti di quelle convinzioni che si applicano oggi nel mondo della psicologia tradizionale quando si tratta di guarigione dagli abusi. Ma guardo anche oltre i limiti dell'attuale paradigma di guarigione dagli abusi. Vi invito ad unirvi a me nel superare i muri del paradigma esistente e nello sviluppare un nuovo paradigma di vitalità radicale.

Questo libro capovolgerà il vecchio paradigma della gestione degli abusi. Scoprirai che non devi riavere nulla in cambio né aggiustare nulla. Invece, ti mostrerò come puoi scegliere uno stato completamente diverso. Imparerai a scegliere di fermare l'atto o la continuazione dell'abuso e a non permettere più a quest'atto o a questa serie di eventi di dominare la tua intera vita.

Il modello di vita radicalmente vissuta che vi presento in questo libro richiede una scelta costante e una consapevolezza costante. È una scelta non definire te stesso in base a ciò che ti è successo. Questo libro ti aiuterà a prendere quella decisione in ogni momento. Ciò che condivido con te qui va oltre la ricerca di soluzioni rapide o di guarigione dall'oggi al domani. È una pratica di consapevolezza continua in cui diventi consapevole delle tue scelte nel momento presente e scegli nuove possibilità.

Esprimerò l' esperienza dell'abuso in modi che probabilmente saranno nuovi per te, mettendo in parole pensieri, sentimenti e strategie di coping inespressi . Non è diverso dall'imparare una nuova lingua. Ma quando li ascolterai, probabilmente proverai un senso di sollievo che apre le porte a un nuovo modo di percepire il mondo. Solo questo può fare un'enorme differenza nella tua percezione e realtà.

Gran parte del nostro lavoro insieme inizia con la sensibilizzazione. Nella prima parte esamineremo cosa c'è a livello interiore ed esploreremo le quattro D che potrebbero averti causato il ritiro: Negare, Difendere, Separare e Dissociare, ed esploreremo alcune delle emozioni familiari come la vergogna, Esaminare la rabbia, la rabbia, la tristezza e la paura che derivano dall'essere abusati. Nella seconda parte, esamineremo come l'abuso continua a plasmare e influenzare la tua vita, compresi la salute e il corpo, le relazioni, la sessualità, il denaro e la carriera. E infine, nella terza parte vedremo come puoi lasciarti alle spalle gli abusi e condurre una vita di radicale vitalità. Stiamo iniziando una conversazione rivoluzionaria di speranza, mostrandoti come trovare un nuovo modo di vivere. Scoprirai come puoi cambiare in modo da non operare più secondo la vecchia struttura del passato, ma piuttosto sperimentare la vita da un nuovo stato di coscienza. Sarai in grado di diventare più presente e fermare gli schemi familiari di "spuntare" che sono essenzialmente una forma di assenza nella tua vita.

Esploreremo tutto questo nel contesto dell'uscita dalla gabbia dell'abuso e della vitalità radicale per creare per te una vita che supera qualsiasi cosa tu possa immaginare.

PARTE I

CHIUSI NELLA GABBIA DEGLI ABUSI

PRIMO CAPITOLO: LA GABBIA INVISIBILE

Ti svegli la mattina e rivivi la litania delle cose che non vanno bene nella tua vita o che hai fatto di sbagliato ieri? Queste sono tutte forme di autogiudizio, uno dei tratti distintivi della "gabbia invisibile". L'ironia è che l'unica cosa veramente sbagliata quando fai questo è che stai giudicando te stesso.

Il giudizio è un'energia insidiosa ma sottile. Se li usi contro te stesso, diventerai il tuo eterno carceriere, intrappolato nell'illusione di essere imperfetto, sbagliato e inutile. Se pensi costantemente che qualcosa sia sbagliato, lo creerai e lo manifesterai in modo da poter dimostrare a te stesso che hai ragione, almeno a questo riguardo. Una parte di noi vuole esaminare ciò che consideriamo negativo. È una sensazione familiare che chiamiamo "casa".

La sfida con il giudizio è che non consente la libertà e l'ampiezza di maggiori possibilità. Invece, ti mantieni piccolo e combatti contro la corrente.

Superare il giudizio è uno dei prerequisiti più importanti per uscire dalla gabbia invisibile e sfuggire alle grinfie degli abusi. In questo libro esamineremo i giudizi che imponi su te stesso e sugli altri e le conseguenze involontarie ma dirette che spesso ne derivano. Poi scopriremo modi per lasciarli indietro in modo da poter creare dal presente e non dalle tue esperienze passate.

Conosco bene la strada.

E devi solo seguire la luce.

LA MIA STORIA

"Stai bene?" mi ha chiesto.

Sembrava una domanda semplice. Ma la verità era che era la prima volta che qualcuno me lo chiedeva. Allora avevo 21 anni.

Mi sono fermato e ho pensato alla sua domanda. La risposta ovviamente è stata un sonoro *no* . Non mi sentivo davvero bene. E mentre ero seduto nello studio dello psicologo specializzato in violenza familiare, mi chiedevo se fossi mai stato bene.

Quel momento è stato un punto di svolta, l'inizio di un viaggio fenomenale in cui non solo ho risolto i miei problemi di abuso, ma ho anche aiutato innumerevoli persone in tutto il mondo a fare lo stesso. Era come se qualcuno avesse finalmente visto dietro la mia facciata; il mio velo era rotto. Non potevo più nascondermi dal dolore o respingerlo. Per la prima volta dopo anni, ho cominciato a piangere. Avevo imparato molto prima che non era sicuro piangere. Non avrei osato farlo davanti a mia madre perché le conseguenze sarebbero state troppo gravi.

Fino alla svolta decisiva avevo vissuto in una gabbia invisibile. Non in una gabbia reale, ovviamente, ma in una metaforica. Se sei coinvolto in uno schema violento nella tua vita o lo sei stato in passato, probabilmente capirai cosa intendo. Anche le decine di migliaia di persone che sono entrate in contatto con me attraverso il mio lavoro e il mio programma radiofonico possono identificarsi con questo: la gabbia invisibile e spesso indefinibile che l'abuso crea. È l'oppressore silenzioso da cui alla fine definiamo noi stessi.

Fino a quel momento, la mia vita era stata un'invettiva di abusi fisici, emotivi e sessuali quasi senza fine. Questo era più o meno tutto quello che sapevo. Oggi posso raccontare la mia storia da un punto di guarigione completamente diverso perché, sebbene sia suffi-cientemente consapevole dei miei fattori scatenanti emotivi per scegliere diversamente, a volte ho ancora bisogno di utilizzare gli strumenti e le tecniche qui offerti. Non succede nulla dall'oggi al domani ed è un processo continuo.

Come molti bambini che subiscono abusi, avevo numerose fonti. Ma sono state le mie esperienze con mia madre ad avere di gran lunga l'impatto maggiore.

Crescendo, ci è stato insegnato a non dire nulla dei nostri pensieri e sentimenti. Se lo facessimo, verremmo letteralmente picchiati e torturati. La rabbia di mia madre era alimentata da un disturbo della personalità non diagnosticato. Non è un caso che in seguito ho studiato psicologia e alla fine sono stato io a diagnosticarlo.

Anche se in seguito ho conseguito un dottorato, la percezione e il comportamento di mia madre nei miei confronti mi hanno portato a credere che fossi in qualche modo stupido, e questa convinzione è rimasta con me per tutta la mia infanzia. Non c'era area della mia vita che fosse al sicuro dai loro schemi. Un esempio è stato quando ho imparato a scrivere. Mia madre mi avrebbe colpito in testa se non fossi riuscito a rimanere entro le righe del giornale. Il suo atteggiamento nei confronti del mio apprendimento mi ha portato ad essere un totale introverso a scuola. Conosci il bambino che sognava sempre ed era solo? Quello ero io.

Quando penso al mio stato emotivo in quel momento, il modo migliore per descriverlo è che non ne avevo. Ho imparato presto che era più sicuro isolarmi. Raramente parlavo con qualcuno ed ero completamente chiuso. Anche quando usavo la mia immaginazione, era sempre contro me stesso. Sedevo nella nostra casa a Brooklyn e fissavo il caminetto, immaginando che le fiamme fossero demoni che cercavano di attaccarmi.

Gli incidenti che hanno avuto un impatto sulla mia istruzione e sul mio apprendimento sono stati innocui rispetto ad alcuni degli altri problemi che ho dovuto affrontare. In alcuni dei momenti più violenti di mia madre, si perdeva in uno scatto d'ira e mi colpiva letteralmente. C'erano momenti in cui mi trascinava per i capelli sul pavimento. Mi sono fatto la pipì addosso facendo questo. La mia vita era come quella di un animale in modalità sopravvivenza, che mette costantemente in discussione la sua sicurezza da un momento all'altro.

Come molti bambini come me, fantasticavo costantemente di morire o di lasciare la casa, qualsiasi cosa pur di sfuggire alla tirannia di mia madre. Giacevo lì e pensavo a tutti i diversi modi in cui avrei potuto morire. L'unico motivo per cui non ho posto fine alla mia vita è perché avevo troppa paura per andare fino in fondo. Il mio unico tentativo di suicidio è avvenuto più tardi nella vita, quando ho provato a correre davanti a un autobus, ma non ci sono riuscito. Era come se qualcosa mi avesse tirato indietro, anche se in quel momento non c'era nessuno. Questo momento è stato uno dei campanelli d'allarme più importanti della mia vita: un campanello d'allarme che mi ha avviato in un viaggio verso la guarigione e mi ha portato in molte direzioni nel tempo. Ho conseguito il dottorato in psicologia e alla fine ho esplorato metodi alternativi che hanno a che fare con il mondo spirituale, come l'ipnoterapia, lo sciamanesimo, la guarigione theta e altri metodi. Ciascuno di questi metodi mi ha fornito strumenti e tecniche per spostare la mia coscienza e muovermi verso la completezza.

Una delle scoperte più importanti che ho fatto in questo processo di guarigione è stata l'esistenza della "gabbia invisibile".

DEFINIZIONE DI GABBIA

Dico che era invisibile perché, sebbene vivessi al suo interno, prigioniero silenzioso, non ero nemmeno cosciente della sua esistenza. Mi ci sono voluti decenni per dargli un nome, per non parlare di trasformarlo in un messaggio da condividere con il mondo. Eppure, ogni volta che parlavo con qualcuno che aveva subito abusi riguardo alla gabbia invisibile, uno sguardo di riconoscimento, e spesso di sollievo, attraversava il suo viso. Forse anche tu stai vivendo un'esperienza simile mentre leggi queste righe.

La tua gabbia è come un fantasma che ti sussurra costantemente all'orecchio. Sussurra quando hai delle sfide. Ma quando la vita è bella, non si ferma. È probabile che le cose diventino ancora più rumorose in questi periodi, poiché la vita entro i confini della gabbia ti tiene bloccato in un luogo che ti è familiare. C'è uno strano conforto nel vivere entro i confini della gabbia, non importa quanto desideri crescere oltre essa.

Vivere in una gabbia significa vivere senza voce. Sebbene tu possa parlare e funzionare nel mondo, c'è una parte di te che è isolata, messa a tacere e tagliata fuori dalla realtà. Una parte che vive dentro di te è diventata offuscata, offuscata e offuscata.

La gabbia trasforma anche ogni connessione che hai nella tua vita in qualcosa di distruttivo. Ti trattiene dalle possibilità che puoi generare e creare e ti limita in una realtà senza scelta.

La gabbia si basa sulla mancanza, sulla limitazione e sulla menzogna. Mettiamo i nostri soldi, la nostra carriera, le nostre scelte di vita, le nostre relazioni e tutto il resto nella gabbia e agiamo e reagiamo fuori da essa. Allontaniamo le persone. Decidiamo contro un'impresa commerciale che potrebbe essere fruttuosa. Rifiutiamo le relazioni che hanno il potenziale per sostenerci in modi amorevoli e positivi. Ci chiediamo perché ci sabotiamo quando in realtà stiamo facendo esattamente ciò per cui esiste la gabbia: combattere la vita e dire "no" da un luogo di paura e contrazione piuttosto che abbracciare la vita e dire "sì" per dire da un luogo di espansione. Traiamo conclusioni sulla vita senza nemmeno fare domande. Reagiamo in base alla nostra esperienza di abuso e quindi manteniamo viva l'esperienza. Ad esempio, potremmo passare davanti a qualcuno che non abbiamo mai incontrato per strada e sentirci immediatamente minacciati e spaventati ed entrare in uno stato di shock senza sapere il perché. Si scopre che la persona indossava lo stesso profumo di chi abusava quando eravamo bambini.

Il dolore di vivere in gabbia può essere così grande che a volte decidiamo di non restarci affatto. Nei casi peggiori, la morte può sembrare l'unica via d'uscita e consideriamo il suicidio. Come molti che hanno perso la voglia di vivere, sono stato spesso circondato da altri che si sono suicidati. Ciò è continuato nell'età adulta finché non ho sperimentato un cambiamento epocale nei miei problemi.

Quando non possiamo scacciare la bestia dalla nostra gabbia, ci intorpidiamo o "facciamo il check-out" per evitare il dolore. Lo facciamo spesso durante la giornata, vivendo essenzialmente come il guscio di noi stessi. Forse usiamo cibo, alcol, droghe o farmaci per isolarci ancora di più. Possiamo anche avere "incidenti" - minori, come tagliarci un dito con un coltello mentre tagliamo i pomodori per l'insalata, o scontrarci con qualcuno nel parcheggio, ma a volte anche più gravi. Queste cose possono accadere perché stiamo sabotando noi stessi a livello subconscio, cercando di attirare la nostra attenzione, di svegliarci. Una volta che smettiamo di agire come una versione assente di noi stessi e diventiamo più in sintonia con chi siamo veramente, non abbiamo più "bisogno" di continuare questi comportamenti.

Da questo luogo di intorpidimento e negazione, creiamo un altro strato sopra la nostra realtà esistente. Il mondo fuori dalla gabbia si forma attorno alla percezione di chi vive al suo interno, e quanto più il mondo interiore è distorto, tanto più segue la nostra percezione del mondo esterno. Un altro filtro viene posto sul mondo e lo distorce ancora di più. Li neghiamo. Ci separiamo da tutto ciò che abbiamo sotto il naso: i rapporti con le persone, il denaro, anche il nostro rapporto con la terra viene distorto dall'interno della gabbia stessa. Difendiamo la realtà che abbiamo creato perché ha senso dall'interno della gabbia, anche se non possiamo spiegarne logicamente il motivo.

Un partecipante al mio programma radiofonico lo ha descritto in questo modo: "Mi sono appena trasferito in un posto che amo, con una persona che amo, eppure mi sveglio ogni giorno sentendomi triste, spaventato e incapace di fare qualsiasi cosa".

Questo significa vivere in gabbia. È uno scherzo crudele che, qualunque cosa cambiamo nella nostra realtà esterna, il nostro punto di riferimento rimane lo stesso. Diciamo a noi stessi: "Ecco una cosa meravigliosa che amo. Ecco una nuova opportunità. Ma non posso averla perché vivo nella paura di ciò che è accaduto prima".

L'ANTI-TU

Chiamo ciò che emerge da dentro la gabbia "anti-tu" perché quando vivi così, semplicemente non sei più te stesso, il vero te. Sei una versione di te stesso, ma non il vero te. Ad esempio, quando ero in sovrappeso (più pesante fisicamente, emotivamente, mentalmente e spiritualmente), quella era una versione di me. Mentre mi impegnavo nel lavoro che condivido con te e "lasciavo andare" il peso (alleggerendo tutti gli aspetti di me stesso), mi sono avvicinato alla mia verità: il mio vero sé. Potresti non assomigliarti affatto, perché anche la gabbia ha una maschera. Potresti sentirlo coprirti il viso quando ti senti minacciato, o potresti addirittura indossarlo tutto il tempo, come un'armatura che ti protegge dal mondo esterno.

L'"anti-tu" ha così tanti strati che puoi sembrare stanco. Tutto ciò che percepisci da questo luogo nasce dalla limitazione e dalla mancanza. Invece di vivere della tua capacità creativa, tutto ciò che fai sembra respingerti e rimbalzare. Potresti provare a gestire le relazioni da qui, ma puoi avere la sensazione di essere al centro di esse e di premere il pulsante di autodistruzione. È quasi come se vivessi per il bisogno di distruggere te stesso e tutto ciò che ti circonda. Ci si sente meglio così. È come se stessi replicando dentro di te ciò che una volta accadeva nel tuo mondo esterno .

Quando viene attivato l'anti-ego, ti ritrovi nello spazio che io chiamo "lo spazio dell'abuso". Se sei attento, potresti persino essere in grado di percepirlo nella struttura energetica del tuo cervello. Per me si trova davanti alle ghiandole pineale e pituitaria nel mio cervello - potevo letteralmente sentirlo quando veniva attivato - una densità e pesantezza che riverberava attraverso il mio sistema nervoso autonomo, preparandomi a combattere, fuggire o congelarmi.

Quando siamo nello spazio dell'abuso, tutto si trasforma davanti ai nostri occhi nella vecchia storia dell'abuso. Capovolge tutto ciò che accade nel mondo esterno. Vediamo cose che siamo convinti siano vere, anche se le persone intorno a noi le negano categoricamente. Ciò che sembra vero può essere falso e viceversa. Ci ritroviamo a fidarci di persone di cui non dovremmo fidarci e a non fidarci di persone di cui potremmo fidarci. Possono entrare nella nostra vita persone che incarnano tutte le cose che diciamo di voler portare alla luce e manifestare, ma le allontaniamo perché ci impegneremmo con loro se vivessimo oltre la gabbia, e questo ci mette a disagio.

Scopriamo che il mondo esterno ci ricorda costantemente qualche elemento di abuso - un'espressione sul volto del nostro amante, la sensazione di essere stati abbandonati, la suggestione di aver fatto qualcosa che forse non era abbastanza buono - ed eccoci di nuovo qui. lo spazio dell'abuso. La nostra realtà gira intorno e tutto ruota attorno a quanto ci sentiamo male. Sembra che tutto sia colpa nostra. Ci ritiriamo ulteriormente dietro le sbarre. Nella nostra ricerca di sicurezza, tutto ciò che in realtà troviamo è maggiore isolamento.

La gabbia diventa un luogo di giudizio sui nostri torti. Ci portiamo dietro questo sentimento di ingiustizia che appartiene ai nostri carnefici ma che facciamo nostro. In questo modo diamo il nostro potere all'autore del reato e togliamo la nostra stessa coscienza. Non ci rendiamo conto di quanto siamo qualcun altro o di quanto rispondiamo a ciò che ci hanno insegnato. A quel punto diventa una risposta automatica. Siamo costretti a farlo perché assumiamo la realtà degli altri come se fosse la nostra.

Potresti anche aver notato che la gabbia di abusi in cui vivi influenza ogni altra area della tua vita. Quando filtri il mondo attraverso la lente dell'abuso, ne sei attratto di più. Potresti aver scoperto che questo porta a un maggiore senso di colpa. Forse hai sentito frasi come: "Tu crei la tua realtà". E quando l'abuso continua e non sai come fermarlo, aumenta la sensazione che in te ci sia qualcosa che non va. È così che mi sentivo da bambino quando subivo abusi da ogni sorta di direzione. Questa sensazione è continuata nell'età adulta mentre l'abuso continuava in vari modi. Hai la sensazione che non sarai mai la forza che pensi di essere.

Tutto ciò che fai quando funzioni da questo vuoto ti impedisce di essere radicalmente vivo perché non potrai mai uscire del tutto da questa gabbia che definisci sbagliata. Se dovessi descrivere cosa fa *veramente la gabbia* , ti tiene nel ciclo infinito di "Ho torto. Ho torto, ho torto, ho torto, ho torto". Se operi da questo punto di vista sarai sempre vittima di tutto.

ESERCIZIO DIARIO: CONVIVERE CON UN PASSATO ABUSATO

Quando non siamo connessi alla nostra bontà naturale, sperimentiamo una sorta di realtà distorta.

Scrivi i tuoi 5 maggiori conflitti e sfide. Quanti di questi puoi identificare come derivanti da un senso di ingiustizia?

COSA ASPETTARE - DAI MORTI VIVENTI.

Molti di noi hanno imparato a vivere in uno stato di morte anziché essere radicalmente vivi. Allora come facciamo a vivere tutti come se fossimo morti? Un modo è rimandare le cose che sappiamo che ci darebbero sollievo se le facessimo e basta. Il motivo per cui non facciamo queste cose è perché attraverso l'abuso ci è stato insegnato a credere che ci sia qualcosa di intrinsecamente sbagliato in noi. Sei stato programmato per credere nei tuoi errori e, qualunque cosa tu faccia, ti senti sempre come se avessi torto.

. . TROPPO RADICALMENTE VIVO

Quando andiamo in giro confusi, sentiamo di non avere scelta. Ma come ho detto molte volte in questo libro, una delle cose più preziose in noi è la nostra capacità di scegliere.

E se smettessimo tutti di vivere con il pilota automatico e nella nebbia delle nostre abitudini distruttive? E se davvero ci liberassimo dalla gabbia degli abusi ammettendo che viviamo in una gabbia? E se adottassimo azioni coerenti per dissolvere le sbarre della gabbia e attraversare il ponte per vivere radicalmente vivi?

Se qualcosa ti sveglia, puoi scegliere di fare qualcos'altro. Quando abbracci e incarni qualcosa, lo diventi. Possiamo scegliere di incarnare una realtà diversa quando si tratta di abusi. Tutti possiamo essere catalizzatori per eliminare e sradicare gli abusi da questo pianeta. Non sto parlando solo di abusi sessuali. Sto parlando di tutte le forme di abuso: abuso fisico, abuso mentale, abuso emotivo, abuso finanziario, abuso personale. Non esiste alcun criterio che affermi che un abuso sia peggiore di un altro. Tutto porta allo stesso obiettivo: ti priva della tua forza vitale. E finché manteniamo questa realtà e incolpiamo i nostri aggressori per tutto ciò che vorremmo fare ma non vogliamo fare, manteniamo vivo l'abuso.

E se la più grande menzogna e la più grande malattia su questo pianeta fosse in realtà condannarti, abusare di te, distruggerti e nascondere l'essere che sei veramente?

SECONDO CAPITOLO: I 4D

Se immagini una gabbia a forma di quadrato, quelle sono le quattro pareti che compongono le sbarre. Sono i muri che ti rinchiudono negli abusi. Quando sei in gabbia, non puoi creare o produrre nient'altro che ciò che c'è in quella gabbia. In questo modo, rivolgi l'abuso verso l'interno e diventi il tuo perpetratore e vittima allo stesso tempo.

NEGARE, DIFENDERE, DISCONNETTERE E DISSOCIARSI

Ciascuna delle 4D - negazione, difesa, isolamento, dissociazione - rappresenta il proprio "muro" della gabbia. Si tratta di meccanismi di coping auto-creati che abbiamo utilizzato per affrontare l'abuso nelle nostre vite. Comprendere le 4D è come fare i conti con la struttura della gabbia invisibile in cui hai vissuto. Lo scopo di questo libro è quello di abbattere questa struttura. Questo inizia con la presa di coscienza di come le 4D ti hanno tenuto intrappolato nel tuo attuale modello di realtà.

#1 NEGARE

La negazione è la prima delle 4D. Si svolge su più livelli. Il punto non è negare che l'evento sia avvenuto. Questo può succedere, ovviamente, ma spesso è il subconscio a reprimere l'accaduto affinché tu possa affrontarlo. Il tipo di negazione che intendo è quando vivi nella tua testa e ti disconnetti dal tuo corpo. Io chiamo questo separare il tuo corpo dal tuo essere.

Quando separi il tuo corpo dal tuo essere, potresti avere la sensazione di vivere fuori dal tuo corpo per la maggior parte del tempo. Questo è il motivo per cui le persone che hanno subito abusi appaiono distanti o distanti. È una strategia di coping. Forse li hai appresi durante l'abuso, quando hai negato ciò che stava accadendo come modo per farcela. Una volta terminato l'abuso, la negazione continua a vari livelli. Per uscire dalla negazione, devi tornare nel tuo corpo. Ma prima vorrei discutere dei molti diversi tipi di negazione.

. . .

fantasia

La fantasia è un modo in cui neghiamo noi stessi quando abbiamo subito abusi. Creiamo mondi fantastici come alternativi alla realtà in cui viviamo. In risposta alla mia educazione violenta, ho creato un mondo fantastico vivido e vitale in cui tutto era bello. Era come un ideale utopico e ad un certo livello credevo di poter fare qualsiasi cosa. Ero sicuro di avere una sorta di superpotere. È qui che inizia la megalomania, che spesso accompagna gli aspetti più gravi e consequenziali delle 4D, come la dissociazione. Nell'infanzia, la fantasia significa che possiamo negare la realtà e ritirarci nei nostri mondi fantastici.

Durante il mio recupero, ho dovuto osservare come avevo distorto la mia fantasia e come l'avevo mescolata con la realtà. Ad esempio, ho idolatrato mio padre e l'ho messo su un piedistallo. Era il mio eroe: brillante negli affari e nel fare soldi, e per giunta molto divertente. Al contrario, odiavo mia madre perché quando tornava a casa litigavano e lei lo spingeva fuori. Ciò che non sapevo all'epoca era la sua infedeltà, l'uso di droghe o l'abuso di alcol. Ad un certo punto ho capito che tutto ciò che non è in questa realtà è fantasia. Quando vivi in questa fantasia, la neghi e distorci ancora di più la realtà intorno a te.

Un esempio di come le persone si ritirano in un mondo fantastico è credere che la loro vita sarà perfetta se vincono alla lotteria. Possono persino ritirarsi in un mondo fantastico e immaginare cosa faranno se vincono alla lotteria. Anche se questo è il caso di molte persone che non hanno subito abusi, questa tendenza a ritirarsi in una fantasia futura e a vivere al di fuori del momento presente può essere ancora più forte nella gabbia ed è una parte importante della negazione.

Tutto ciò che creiamo nella nostra immaginazione e non riusciamo a realizzare nella realtà finisce per limitarci. Nel nostro mondo fantastico creiamo la carriera che vogliamo, la relazione che vogliamo, l'auto che vogliamo guidare, il posto in cui vogliamo vivere. Tutto è meraviglioso lì. La nostra realtà è quindi in netto contrasto con questa. Ci neghiamo ciò che vogliamo veramente, forse non agendo mai o non facendo un piano concreto, ma non siamo nemmeno soddisfatti di ciò che abbiamo in questo momento. Non possiamo né accettarlo né apprezzarlo. Il rifiuto si manifesta a molti livelli.

Due livelli di negazione

A seconda della gravità del trauma o dell'abuso che una persona sta affrontando, la negazione può manifestarsi su due livelli.

1. Avanti e indietro con la negazione. Se questo è il tuo caso, allora ti senti come se a volte vivessi nel mondo reale e a volte nella fantasia. Qualcosa ti scatenerà e tornerai nella gabbia della negazione. Questo può manifestarsi in aree chiave della tua vita come il denaro, le relazioni o la salute.

Se appartieni a questo primo gruppo, potresti aver già lavorato molto sui tuoi problemi di abuso. Forse hai già capito che puoi sentirti chiuso in una gabbia. Forse sarai in grado di affrontare la sensazione di essere in gabbia. Non ti controlla più come una volta e hai ancora potere. Sai che è possibile cambiare e fai quello che puoi per farlo. Tuttavia, alcuni resti della gabbia sono ancora presenti.

2. Vivono continuamente nella negazione. Questo gruppo spesso costruisce attorno a sé una fortezza inespugnabile. La gabbia è tutto

ciò che conoscono. Non possono percepire o percepire il mondo fuori dalla gabbia. Le pareti della gabbia sono saldamente definite e non si rompono mai.

Per questo gruppo, la realtà viene modellata e distorta dall'interno della fortezza. Questo è stato il caso di qualcuno che mi ha inviato un messaggio su Facebook prima che stavo per tenere una lezione dicendomi che aveva tendenze suicide. Per questa persona le pareti della gabbia erano molto strette. Per me era chiaro che era circondata. Questo arriva con la sensazione che tutto sia finito. Spesso arrivi alla conclusione che esiste una sola scelta.

Trasferire la negazione a qualcos'altro

Una volta ho lavorato con una donna che era stata violentata. Mi ha detto che non era così arrabbiata per aver subito "abuso sessuale", quanto era più arrabbiata perché il suo cappotto era stato rovinato nello stupro e non poteva averne uno nuovo. Noterai che ha definito lo stupro che ha vissuto un abuso sessuale, che è un altro livello di negazione.

Ho subito capito che stava negando. Sarebbe facile giudicarla se dicesse che si trattava del cappotto. Tuttavia, ho capito che era preoccupata per il cappotto. Aveva trasferito la sua rabbia sul cappotto *e* non aveva soldi per comprarne un altro. Quella era la forma della sua negazione: la sua mente si concentrava su quello che era successo al cappotto, non su quello che le era successo.

Una delle chiavi per comprendere la negazione è ammettere dove ti trovi. Spesso i miei clienti e i partecipanti ai workshop si svegliano e si rendono conto di aver vissuto nella negazione, il che all'inizio può essere piuttosto scioccante. Venendo a patti con te stesso, puoi iniziare a superare la tua negazione.

ESERCIZIO SUL DIARIO: SCOPRIRE LE AREE DI NEGAZIONE

Le fantasie possono essere storie che inventiamo su una situazione per dimostrare ciò che pensiamo e come crediamo che qualcosa sia vero (anche se in realtà è una bugia), quindi continuiamo a negarlo.

. . .

Pensa a dove ti ritiri nella tua immaginazione invece di vivere nel momento presente. Che tipo di fantasie crei nella tua testa? Quando hai iniziato a inventarli? A cosa servono?

A quale livello di negazione stai operando? Vivi nella negazione 24 ore su 24, 7 giorni su 7 o sei costantemente innescato dalla negazione?

Hai trasferito l'abuso su qualcos'altro o non gli hai dato il nome per quello che era? Di che tipo di supporto hai bisogno per dare un nome a ciò che hai vissuto?

N. 2 DIFESA

La seconda delle 4D è la difesa. La difesa è probabilmente la più ovvia delle 4D, poiché spesso è una ritorsione diretta per qualcosa o qualcuno nel nostro mondo esterno.

La difesa è l'espressione esteriore del nostro tumulto interiore. Può manifestarsi come un'occasionale esplosione di difesa. Ma per molte persone si tratta di un'ipervigilanza che dura 24 ore su 24, 7 giorni su 7. Può essere come un animale in gabbia che viene costantemente colpito con un bastone. Difendersi è l'espressione esteriore della tua paura. Il suo messaggio principale è: "Non avvicinarti a me o ti ammazzo".

. . .

Il porcospino invisibile

A volte ti ritrovi a irritarti quando qualcuno ti si avvicina? Uno dei segni più importanti di atteggiamento difensivo è quello che io chiamo il "porcospino invisibile".

Ad un certo punto della tua vita, il mondo non era più sicuro per te. Quindi hai creato delle "penne" per proteggerti. Quando eri più giovane, probabilmente speravi che gli aculei avrebbero tenuto lontano il tuo aggressore. Ma adesso tengono a distanza di sicurezza anche l'amore, i soldi e tutto il resto. Anche se li hai creati per proteggerti, ti fanno distorcere o diffidare di ciò che hai di fronte.

Il fenomeno del porcospino invisibile significa che bisogna stare in guardia esternamente e internamente ed essere eccessivamente vigili, il che può facilmente portare a una sorta di affaticamento, malattia surrenale o autoimmune. E tutto questo, ovviamente, in aggiunta a tutti i conflitti nelle relazioni e nel lavoro.

Anche se mostri esteriormente il porcospino invisibile e spesso appare come un difensore, potresti anche interiorizzarlo. Queste spine possono rivolgersi verso l'interno e penetrare nella tua bontà, gentilezza, generosità e gratitudine. Ciò porta ad ulteriori dichiarazioni ciniche, depressione, ansia, problemi psicologici, problemi di salute e finanziari.

Anche se la difesa del porcospino inizialmente ha funzionato per te quando eri più giovane, più avanti nella vita diventa un sistema di risposta programmato o condizionato che ti impedisce di vivere il tuo sogno. Le punte ti impediscono di ottenere la vita che desideri perché sembra troppo pericoloso ottenerla. Questa difesa diventa un'arma a doppio taglio, pugnalandoti sia dall'esterno che dall'interno.

Per me ricevere ha sempre significato essere giudicato. Significava anche fare quello che diceva mia madre per non picchiarmi. Ricevere significava essere e vivere la sua realtà con un desiderio disperato di esserne soddisfatto. Volevo ricevere da lei, ma ogni volta che lo facevo non era quello che volevo, il che rendeva gli aculei del porcospino più forti, sia dentro che fuori. Questo mi ha fatto resistere ancora di più.

Scioglimento delle difese

.   .   .

La difesa può essere risolta con il buon umore. Ma deve essere un umorismo appropriato, perché se hai la sensazione che qualcuno stia ridendo in modo inappropriato del tuo atteggiamento difensivo, ciò può farti isolare ulteriormente. Quando lavoro con le persone, uso spesso l'umorismo per abbattere la difensiva. Ciò consente all'iper-vigilanza che esiste in sottofondo 24 ore su 24, 7 giorni su 7, di fare una pausa caffè. Ha bisogno anche di molto spazio affinché il sistema nervoso si calmi.

Pensa alle clip che potresti aver visto su YouTube di un cane trascurato e abbandonato. All'inizio può difendersi ringhiando e abbaiando. Ma se poi gli mostri un po' di gentilezza, le sue difese si indeboliscono. Questo è esattamente il modo in cui devi affrontare il tuo porcospino interiore e il tuo atteggiamento difensivo. Forse hai anche bisogno di un'altra persona che ti sostenga abilmente in modo che le spine cedano.

ESERCIZIO DIARIO: IL TUO ISOLANTE INTERIORE

Quanto spesso reagisci in modo difensivo e con quale intensità?

Ci sono momenti in cui ti aspetti un rifiuto per poterti proteggere dal " danno " ?

Quali situazioni, persone o commenti scatenano il tuo porcospino interiore?

Quali storie ti sei raccontato sul ricevimento che ti fanno venire voglia di tenere gli aculei alzati, armarti ed essere pronto a difendere?

N. 3 DISCONNETTI

La disconnessione è uno stato costante di disconnessione della tua mente dal tuo corpo e del tuo corpo dalla tua mente. È uno stato in cui ti disconnetti costantemente dalla relazione con te stesso.

Quando sei disconnesso, spesso mangi per soddisfare un bisogno emotivo piuttosto che mangiare perché hai fame. Tutto nella tua vita è progettato per aiutarti a evitare il vero problema. Ti ritrovi a isolarti e a sviluppare tutta una serie di distrazioni che ti permettono di isolarti sempre di più.

Hai imparato a chiuderti durante gli abusi. In questo modo, il tuo corpo ha sigillato l'atto in modo che tu non debba essere presente mentre lo vivi. Il problema è che continui a farlo anche dopo l'evento, perché essere connesso al tuo corpo può significare che ricorda ciò che hai provato o vissuto. La strategia che ti culla nella sicurezza può impedirti di sperimentare possibilità nutrienti e persino gioiose con il tuo corpo.

Quando ti disconnetti, potresti sentirti come se fossi fuori dal tuo corpo. Molte persone che sono state tagliate fuori a causa di abusi affermano di sentirsi come se non riuscissero più a sentire i piedi per terra o di sentirsi come se vivessero effettivamente fuori dal proprio corpo. Questo può farti sentire diviso. Sei qui, ma allo stesso tempo non sei qui. Potresti essere in grado di funzionare nel mondo, ma le altre persone potrebbero sentire che c'è qualcosa che non va in te. Ancora una volta, quando incontri qualcuno che è disconnesso, spesso hai la sensazione di conversare con lui e di essere vago o distante.

Se vivi disconnesso, probabilmente hai una serie di strategie che ti permettono di farlo. Ricorda che il tuo corpo sta cercando di proteggerti dal provare ciò che hai provato quando hai subito l'abuso. Che tu ti intorpidisca con il cibo, l'alcol, lo shopping, le droghe o i farmaci, cercherai dei modi che ti aiutino a rilassarti, soprattutto se ti senti a disagio con il tuo corpo.

Un'altra cosa che potresti notare quando vivi disconnesso è che sei costantemente in conflitto con te stesso. Quando vivi al di fuori di te stesso, perdi il contatto con il tuo sé autentico o la tua connessione innata con ciò che è vero per te. Potresti dire di no quando intendi sì e viceversa. Forse ridi quando qualcosa è triste e piangi quando qualcosa è felice. È come se tutto si interseca. Ma quel che è peggio, potresti sviluppare un senso dell'umorismo contorto quando si tratta di abusi. Ho notato che alcune persone scherzano quando parlano di essere state violentate. Una volta fatto questo, è un meccanismo di difesa che ti consente di rimanere non coinvolto.

Divorzia da solo

Uno dei miei programmi radiofonici si intitolava " *La scelta di fermare la follia di divorziare* ". Nello spettacolo abbiamo mostrato come finiamo per credere a ciò che ci viene detto sugli abusi. Siamo stati programmati per credere che siamo vittime di abusi. Il problema è che quando partiamo da una mentalità da vittima, ci aggrappiamo all'energia dell'abuso. Uno dei commenti durante la trasmissione spiegava questo:

Una volta che hai subito un abuso, tendi a trattenerlo nel tuo corpo perché è il tuo corpo a sperimentare l'abuso.
Impariamo a renderlo molto reale, importante e significativo e pensiamo che questo lo renderà migliore. Ma non è così.

Rendiamo l'abuso significativo e rilevante e focalizziamo tutta la nostra attenzione su di esso. Poiché non sappiamo cos'altro fare, rimane rinchiuso dentro di noi. Lo viviamo ogni giorno. Questo ci fa ristagnare invece di creare qualcosa. Permettiamo che ci definisca, quando in realtà è un'opportunità per fare una scelta diversa che ci dà potere e ci collega alla nostra genialità oltre le azioni del passato, e riconoscere ciò che abbiamo imparato.

Nello spettacolo abbiamo anche mostrato come siamo programmati a credere che le nostre esperienze siano la cosa più preziosa che abbiamo. Ma la cosa più preziosa in noi è la nostra capacità di scegliere. Una delle strategie per guarire dagli abusi è smettere di definire te stesso in base ad essi. Per fare questo, devi smettere di separarti da te stesso e di tagliare i legami con te stesso.

Come superare la rottura

Per fermare il modello di disconnessione da te stesso, devi prima cercare e riconoscere le strategie che hai utilizzato per farlo. Tutto ciò che ti riporta nel tuo corpo ti farà sentire più connesso. Ma prima devi accettare di stare nel tuo corpo, perché la strategia della disconnessione esiste per un motivo. Quindi dobbiamo esaminare le convinzioni di fondo che hai riguardo all'abuso che ti ha portato a rompere con te stesso. Se ti suggerisco di smettere di intorpidirti con il cibo o altre distrazioni, ma non hai affrontato il motivo per cui lo stai facendo, allora è improbabile che tu possa semplicemente tornare nel tuo corpo.

Questo libro mira ad aprire una conversazione completamente nuova su come lasciarsi alle spalle gli abusi. Uno degli obiettivi è aiutarti a superare la mentalità della vittima e ad allontanarti dalla visione fissa secondo cui devi definire te stesso in base all'abuso. Questo cambiamento di prospettiva può aprirti la strada per riconnetterti con te stesso.

ESERCIZIO: RICONOSCI COME TI DISCONNETTI

Come si nota la separazione nel tuo corpo? Ti senti come se stessi lasciando il tuo corpo quando ti separi da esso o ti ritiri in una certa parte di esso? Dove stai andando? Sembra che la rottura sia costante o che ci siano fattori scatenanti ricorrenti?

Quanto della tua identità si è formata essendo vittima di abusi? Quali risposte condizionate stai trattenendo nel tuo corpo che ti tengono intrappolato nel tuo attuale modello di realtà?

4 DISSOCIAZIONE

Il più comune dei 4D è la dissociazione. Questo accade quando l'abuso è così intrappolato nel nostro corpo che possiamo funzionare solo da lì. Siamo chiusi nella gabbia degli abusi e viviamo di lì. È uno stato estremo e costante di ipervigilanza da cui filtriamo la nostra realtà. Una parte di te vive costantemente "sul soffitto" o in un altro mondo. Ciò si manifesta spesso in condizioni come il disturbo da stress post-traumatico (PTSD).

La dissociazione è uno stato costante di intorpidimento e intorpidimento. A causa dell'elevata quantità di ormoni dello stress che circolano nel corpo, quando viviamo in questo stato, se rimaniamo in questo stato per lungo tempo possono scatenarsi malattie fisiche croniche. Può anche portare a malattie mentali più gravi e disturbi da separazione. In casi estremi possono verificarsi personalità multiple, un argomento che va oltre lo scopo di questo libro.

In sintesi, le 4D formano i muri della gabbia invisibile che ci intrappolano negli abusi del nostro passato e ci impediscono di vivere come desideriamo in questa realtà. Negazione, difesa, isolamento e dissociazione sono i "muri" che ti racchiudono. Quando sei seduto nella tua gabbia, non puoi creare o produrre niente di diverso da ciò che c'è in quella gabbia. È così che l'abuso si rivolge verso l'interno e tu diventi il carnefice e la vittima di te stesso allo stesso tempo.

La fantasia che crei a volte può sembrare migliore della vita reale che conduci se stai ancora lottando contro gli abusi. Ci si sente al sicuro, rinchiusi in questa gabbia. Ci vuole una consapevolezza ostinata per guardare il mondo fantastico che hai creato e sfidare te stesso per andare oltre esso. Ora diamo uno sguardo alle sensazioni speciali che accompagnano la vita in gabbia.

3

**TERZO CAPITOLO: LE EMOZIONI
DELL'ABUSO**

In questo capitolo esploreremo le emozioni familiari legate all'abuso. Forse ti riconosci in alcuni o in tutti. Fino ad ora potresti non aver detto cosa sono. Fanno parte dell'ombra che aleggia sullo sfondo e spesso rimane senza nome o senza parole. Non appena gli diamo un nome, perdono il loro potere. Allora non hanno più la stessa influenza su di noi.

Diventare più consapevoli delle tue emozioni è parte del processo che ti porta a una vitalità radicale. Quando inizi ad articolare e identificare le emozioni che stai vivendo, puoi iniziare a superarle e passare a uno stato emotivo più efficace che è coerente con una forza potente e una vitalità radicale.

Emozioni e armonia

Ogni emozione ha una vibrazione diversa. Le emozioni inferiori operano a una frequenza più bassa. Per le emozioni più elevate è vero il contrario. Questo è naturalmente chiaro a noi umani. Per questo diciamo che ci sentiamo "bassi" quando siamo negli stati vibrazionali più bassi e "alti" quando siamo in quelli superiori.

In questa realtà abbiamo la scelta se agire da uno stato armonico inferiore o superiore. Quando agiamo da uno stato armonioso più elevato, sperimentiamo la vita attraverso la nostra coscienza e non attraverso i nostri trigger, schemi e programmazioni. Forse hai vissuto momenti o periodi in questo stato. La vita scorre libera e armoniosa. Sperimenti la vita con più unità e più presenza dall'armonia superiore. Le emozioni inferiori ci fanno sentire separati e isolati, mentre le emozioni superiori ci ricordano che non esiste separazione tra noi e l'universo. Molti insegnamenti spirituali orientali ci ricordano e sottolineano che dobbiamo vivere secondo le armonie più elevate della vita.

Sentimenti ed emozioni fanno parte dello stato armonico inferiore di questa realtà. Rimaniamo bloccati in essi e non ci viene insegnato che sono una scelta. Siamo stati programmati per credere che siamo vittime delle nostre emozioni e ne cavalchiamo l'onda sentendoci come se non potessimo controllarle.

Come abbiamo già evidenziato, ci sono alcune emozioni predominanti che persistono dopo l'abuso. Spesso rimaniamo bloccati in essi, insieme alle frequenze armoniche più basse che rappresentano per noi. Sono legati all'anti-tu di cui abbiamo parlato nel primo capitolo. Quando rimaniamo bloccati in questi stati emotivi, scendiamo in un'energia, uno spazio e una coscienza che sono l'opposto di ciò che siamo veramente. Queste emozioni ci tengono intrappolati nelle 4D, in particolare la negazione e la difesa. Nelle armonie inferiori del nostro stato emotivo, diventa consueto per noi scatenarci, e così il ciclo si approfondisce. Entriamo in questi stati e li confondiamo con la nostra realtà fissa. Diventano abituali perché più risuoniamo con una particolare frequenza, più questa ci diventa forte e familiare. Questo è uno dei motivi per cui a volte rimaniamo nella nostra zona di comfort, che in realtà è la nostra "zona di disagio". La risonanza, anche se dolorosa, ci è familiare e abbiamo imparato ad accettarla e a conviverci.

Queste emozioni significano anche che resistiamo e rifiutiamo la vita: infatti, sono il carburante di questa resistenza, che ha un impatto sulla salute fisica, sulle relazioni e sulle finanze. Per quanto sia impegnativo affrontarli, riscoprire la tua vera essenza e te stesso è parte del processo. Quando non lasci che le tue emozioni ti controllino, la vitalità radicale diventa la tua vibrazione naturale più elevata.

VERGOGNA

La vergogna è un altro ostacolo alla felicità perché ci fa sentire come se non meritassimo la felicità: amore, felicità e successo. La vergogna limita anche la felicità perché viviamo nello spazio del passato, fluttuando nel campo della vergogna e non siamo presenti nel qui e ora, dove ha luogo la felicità.

— *GAY HENDRICKS E CAROL KLINE,*
FELICITÀ COSCIENTE

C'è differenza tra senso di colpa e vergogna quando si tratta di abusi. Colpa significa: "Ho commesso un errore e mi scuso". Vai avanti. La vergogna, invece, significa: "Sono *un* errore". Quando qualcuno cerca di superare gli abusi, spesso deve prima superare la vergogna di credere di avere torto o di avere dei difetti. Era la situazione, l'ambiente, la persona che ha commesso l'atto ad essere viziata in un certo modo. C'era qualcosa nella sua programmazione che la faceva comportare in questo modo. E hai adottato la loro storia come la tua identità.

La vergogna è l'emozione più conosciuta dell'abuso. Viene da tutti i segreti che hai nascosto sugli abusi. Forse ti è stato detto di nascondere l'abuso agli altri o sei stato minacciato di conseguenze se avessi detto la verità. Tuttavia, può anche darsi che l'abuso sia avvenuto in un modo che non è stato discusso o espresso. È successo ed era normale nella tua situazione di vita, ma una parte più profonda di te non sapevi come esprimere quello che ti è successo. Oppure hai osato parlare di quello che è successo e ti sei ritrovato a essere giudicato o accusato di mentire. Le situazioni in cui l'abuso è stato espresso e trattato con compassione sono più rare, perché in molte situazioni familiari, quando l'abuso viene riconosciuto e riconosciuto, qualcosa deve cambiare. I matrimoni si sciolgono. I propri cari vanno in tribunale. Spesso è molto più "facile" per le persone spegnere la propria coscienza e negare che ciò sia accaduto piuttosto che affrontare le conseguenze della verità.

Quindi la vergogna per l'abuso è rivolta all'interno. Ti senti come se fossi danneggiato o difettoso. Ammetti di avere torto. Diventi un mistero e di conseguenza non puoi più essere te stesso.

La battuta crudele sulla vergogna è che il novanta per cento di ciò che nascondi in realtà lo nascondi a te stesso perché sei stato programmato per farlo. Per sopportare la segretezza, l'hai rivoltata contro te stesso in una contorta forma di negazione. Ciò significa che non puoi più essere in contatto con te stesso.

La vergogna si manifesta come pesantezza e densità dentro di te. Cammini con gli occhi fissi a terra e la testa chinata. È come se vivessi accigliato e il tuo viso si accartoccia quando viene attivato.

La vergogna distorce anche chi sei dentro. Non puoi sperimentare la vera intimità se vai in giro avvolto da una nuvola di vergogna. Ad ogni interazione ti rendi conto che non sei autentico, il che a sua volta crea più vergogna e ti fa nascondere ancora di più. Il ciclo continua, stringendo la gabbia degli abusi attorno a te.

Questo è lo scherzo cosmico della vergogna: passi tutta la vita tenendola intrappolata nel tuo corpo, aprendoti a tutti i tipi di malattie (fisiche, mentali, emotive e spirituali) solo per nasconderti in modo che nessuno sappia che hai avuto questa esperienza . Ma anche la maggior parte delle persone su questo pianeta nasconde qualcosa!

Allora come indebolire le saldature della vergogna? Uno dei modi migliori è impegnarsi in una vera conversazione sull'argomento, per superare la segretezza che circonda l'abuso.

La tua storia e la tua vergogna: cosa significa per te e per te?

Quando lavoro con le persone per facilitare il cambiamento, a volte devo fare un passo indietro e accompagnarle attraverso ciò che è accaduto per superare l'abuso. Ciò include anche ammettere, affermare e riconoscere ciò che la loro storia ha significato per loro e su di loro, e come la vivono ancora oggi. Per molti dei miei clienti, l'abuso sessuale, fisico o emotivo li fa sentire come una merce danneggiata.

Capire come interpreti la tua storia e la tua vergogna, cosa significa per te e per te, può aiutarti a prendere una nuova decisione e a creare una nuova storia. Ti aiuterà a vedere come il significato che gli hai assegnato limita il futuro che potresti sperimentare, vale a dire gioia, felicità e libertà. Quasi sempre, quando provo attaccamento alla loro storia con qualcuno, il collante che tiene insieme il tutto è la vergogna e l'identificazione con essa, che a sua volta fa credere loro di essere quello che sono veramente.

Non sei la tua vergogna. È solo qualcosa a cui ti sei abituato.

Questo libro non parla di condanna. Riguarda l'unità. Si tratta davvero di utilizzare questa conversazione come obiettivo per eliminare gli abusi. Ciò include anche il riconoscimento che anche i nostri autori di abusi hanno agito in base ai loro programmi e l'aiutarli a livello energetico a superare l'abuso.

"...se sei una delle tante persone che hanno un problema con i propri genitori, se provi ancora risentimento per qualcosa che hanno fatto o non hanno fatto, allora credi ancora che avessero una scelta - che "Potrebbero hai agito diversamente. Sembra sempre che le persone abbiano una scelta, ma questa è un'illusione finché la tua mente con i suoi schemi condizionati controlla la tua vita... che scelta hai?"

— ECKHART TOLLE, IL POTERE DI

ADESSO

Finché proviamo vergogna, perpetuiamo l'abuso. Finché manteniamo la storia nascosta, manteniamo l'abuso nei nostri corpi. Quando ci identifichiamo con la vergogna, la intrappoliamo nel nostro corpo. E quando lo facciamo, ci apriamo alla malattia e a una vita con possibilità limitate. Rimaniamo chiusi nella nostra gabbia e questo rende la situazione abusata il tuo Dio invece di essere tu il tuo Dio. Naturalmente non sto parlando di "Dio" in senso religioso, ma piuttosto del potere che hai di creare la tua realtà.

ESERCIZIO ENERGETICO: LASCIARE ANDARE LA VERGOGNA E IL GIUDIZIO

Questo esercizio libera tutta l'energia associata alla vergogna e alla percezione di essere imperfetto o danneggiato. Comunque l'hai sentita, ogni volta che l'hai sentita, e con chiunque continui a sentirla, puoi rilasciare la vergogna - inclusi tutti i suoi segreti o intenzioni nascosti, non detti, non riconosciuti o non rivelati - nella terra.

Immagina di usare le dita per raccogliere l'energia della vergogna dai piedi alla sommità della testa, sulla parte anteriore e posteriore del corpo. Gettatelo a terra davanti a voi e dite ad alta voce: "NO, BASTA SFRUT-

TAMENTO. È IL MIO CORPO E LA MIA SCELTA! IL MIO DIRITTO!" Fallo almeno 3 volte e immagina che l'energia si dissolva e si rilasci nella terra. Puoi farlo anche con rabbia, tristezza e altre emozioni.

Successivamente, nota se la tua energia è aumentata o è cambiata positivamente.

TRISTEZZA

La tristezza è rabbia diretta verso l'interno. Non hai avuto la possibilità di esprimerlo, quindi lo rivolgi contro te stesso.

Quando dimori nella tristezza, in realtà stai dimorando nella coscienza della vittima. Sono le sabbie mobili che ti tengono fermo e ti rendono incapace di muoverti. Il problema con la tristezza è che la proiezione della società secondo cui l'abuso è difficile da guarire rafforza la tristezza.

Quando ci sentiamo tristi per l'abuso, diamo per scontato che non sarebbe dovuto accadere a noi. Il modo in cui comunemente vediamo il mondo perpetua la falsa idea che non dovrebbero esserci sfide nella vita. Questa convinzione include il presupposto che la vita dovrebbe essere fluida e ininterrotta. Quando attraversiamo questo filtro, ci succedono delle cose e ci sentiamo come se in qualche modo fossimo stati derubati delle nostre vite. Quando vediamo l'abuso attraverso la lente della coscienza della vittima, diventa la cosa peggiore che possa accadere a una persona e perdiamo la capacità di utilizzare l'abuso come un'esperienza di vita trasformativa.

Quando siamo bloccati nella tristezza, sentiamo di non
avere più scelta,
perché presupponiamo che non potremo mai andare oltre.

In psicologia, la capacità di vedere le nostre esperienze come qualcosa che ci aiuterà a raggiungere il nostro potenziale più alto è chiamata "crescita post-traumatica". Ci permette di renderci conto che diventiamo più forti e più ricchi attraverso le nostre sfide. Non possiamo vedere le nostre esperienze in questo modo se le percepiamo come ingiustizie.

ESERCIZIO DIARIO: PUNTI DI RIFLESSIONE

Quanto spesso hai lavorato con il sentimento di tristezza? Quali situazioni li innescano? Come si esprime? Come ti senti nel tuo corpo?

Riesci a riconoscere la sensazione di impotenza che deriva da questa sensazione?

Quali pensieri familiari ti vengono in mente quando entri in uno stato di tristezza?

Una volta completato questo esercizio, puoi ripetere l'esercizio energetico sopra. Questa volta, invece della vergogna e della condanna, lasci andare il sentimento di tristezza.

Immagina di usare le dita per raccogliere l'energia della tristezza dai piedi fino alla sommità della testa, nella parte anteriore e posteriore del corpo. Gettalo a terra davanti a te e dì ad alta voce: "NO, MAI PIÙ ABUSI. È IL MIO CORPO E LA MIA SCELTA! IL MIO DIRITTO!" Fallo almeno 3 volte e immagina che l'energia si dissolva e si rilasci nella terra.

Successivamente, nota se la tua energia è aumentata o è cambiata positivamente.

Nota a margine: facciamo questo alla Terra perché è così grande e non consente giudizi. Cos'altro sai in questo mondo in cui un incendio può scoppiare in una foresta e bruciarla, per poi rifiorire un anno dopo?

Verde. Questa è la Terra ed è per questo che risolviamo e dissolviamo gli abusi sulla Terra. Li usiamo come fertilizzante affinché qualcosa di nuovo possa fiorire.

RABBIA E *RABBIA*

La rabbia può essere una fonte di energia vitale e, se espressa in modo mirato, può aiutarti a crescere oltre il tuo stato attuale. Tuttavia, se non utilizzato in modo efficace, è piuttosto un veleno che filtra e ti mantiene in uno stato di dubbio e sfiducia.

La rabbia è rabbia diretta verso l'interno. È un'energia incontrollabile e mortale e l'esplosione esterna del tuo clima interno. Lei è l'eruzione vulcanica di "Odio tutto questo". Quando vivi in uno stato così costante, spesso oscilli tra rabbia e depressione. Da un punto di vista biochimico, puoi sostenere la rabbia solo per un certo periodo prima che aumenti i livelli di cortisolo e diminuisca i livelli di DHEA nel tuo corpo, perché è uno stato di stress elevato. Ciò può portare a montagne russe di emozioni, con lunghi periodi di depressione in cui il corpo non riesce più a sopportare la rabbia prima di ricadere nella rabbia. È un ciclo molto stressante che distorce la nostra percezione della realtà e ci porta a vedere solo ciò che crediamo sia vero, anche quando le persone intorno a noi cercano di mostrarci o dirci il contrario. Coloro che vivono in questo ciclo sono spesso giudicati dagli altri come " amari ". Può essere difficile vivere in questa frequenza perché la spinta della rabbia è molto forte.

Una delle cose che possiamo fare è trasformare queste forme tossiche di rabbia in uno strumento di cambiamento. Potresti aver bisogno di un mediatore esperto che ti aiuti a trovare la via d'uscita dalla rabbia e a utilizzare quell'energia come strumento per il cambiamento. Quando agisci partendo dalla rabbia, a volte può farti sentire bene, o almeno meglio della depressione, perché qualcosa si muove quando esprimi la tua rabbia.

L'arte è dirigere questa energia in una direzione che ti avvantaggia,
e non uno che aumenti le tue sfide.

Il primo passo è riconoscere e riconoscere se sei intrappolato nel ciclo della rabbia.

ESERCIZIO DIARIO: PUNTI DI RIFLESSIONE

L'obiettivo è differenziare ogni emozione in modo da poterle separare l'una dall'altra e rendere il tuo corpo il tuo alleato.

. . .

Metti la mano sulla parte del corpo che prova rabbia. Ora metti la mano sulla parte del tuo corpo che prova rabbia. Riesci a distinguere la differenza o la somiglianza tra rabbia e rabbia? Quale sentimento è stato più pronunciato per te?

Stai vacillando tra rabbia e depressione?

Hai mai usato la rabbia per esprimere il tuo punto di vista?

Riesci a distinguere tra una potenza di rabbia e un'esplosione di rabbia?

Una volta completato questo esercizio, puoi ripetere l'esercizio energetico sopra, questa volta sostituendo le emozioni di rabbia e rabbia.

Immagina di usare le dita per raccogliere l'energia della rabbia e della rabbia dai tuoi piedi fino alla sommità della testa, nella parte anteriore e posteriore del corpo. Gettalo a terra davanti a te e dì ad alta voce: "NO, MAI PIÙ ABUSI. È IL MIO CORPO E LA MIA SCELTA! IL MIO DIRITTO!" Fallo almeno 3 volte e immagina che l'energia si dissolva e si rilasci nella terra.

. . .

Successivamente, nota se la tua energia è aumentata o è cambiata positivamente.

PAURA

La paura è uno stato in cui rimani bloccato, congelato e insensibile. Quando vivi nella paura, vai controcorrente e finisci in una zona di distruzione. È un sistema di risposta automatica in cui ti prepari costantemente per le cose nel tuo mondo esterno che potrebbero essere traumatiche.

Quando vivi nella paura, qualcuno ti prenderà sempre in giro, ti fregherà, si approfitterà di te, ti ferirà, ti rifiuterà o ti abbandonerà. Questo di solito non ha nulla a che fare con la persona che hai di fronte e spesso proietti su di lei la tua versione della realtà.

Se vivi in un costante stato di paura, non potrai mai essere presente.

La paura ha quasi sempre a che fare con il fatto che ti riferisci al passato e proietti ciò che è accaduto prima nel futuro.

ESERCIZIO SUL DIARIO: PUNTO DI RIFLESSIONE

Quanto hai agito spinto dalla paura? Metti la mano sulla parte del corpo che sente paura.

Quali situazioni li innescano? Come si fa a farsi notare? Come si sente la paura nel tuo corpo?

Riesci a ritrovarti a tornare indietro nel tempo e poi cercare cose simili nel presente? Cerchi segnali nel presente che le cose stiano per andare storte?

Quali strategie puoi usare per rialzarti quando l'ansia inizia a circolare?

Una volta completato questo esercizio, puoi ripetere l'esercizio energetico sopra, questa volta sostituendo l'emozione della paura.

Immagina di usare le dita per raccogliere l'energia della paura dai piedi alla sommità della testa, nella parte anteriore e posteriore del corpo. Gettalo a terra davanti a te e dì ad alta voce: "NO, QUESTO NON È REALE. SCELGO DI ESSERE PRESENTE NEL MOMENTO". Fallo almeno 3 volte e immagina che l'energia si dissolva e si rilasci nella terra.

. . .

Quindi nota se la tua energia è aumentata o è cambiata positivamente.

In sintesi, quando funzioniamo negli armonici inferiori, viviamo nelle emozioni dell'abuso. Per essere radicalmente vivi e funzionanti dagli stati armonici superiori, dobbiamo prima riconoscere che abbiamo vissuto nelle emozioni di abuso e connetterci a certe frequenze emotive che abbiamo reso normali .

Consideriamo ora come vivere nella gabbia dell'abuso e il funzionamento di questi stati emotivi abbia influenzato diversi ambiti della tua vita. Più avanti nel libro esploreremo come trasformare queste emozioni per diventare radicalmente vive.

PARTE II

COMBATTIMENTO NELLA GABBIA

4

QUARTO CAPITOLO: LA CONTINUAZIONE DEGLI ABUSI

Quando finirà tutto questo?

Mi ero posto questa domanda tante volte nella mia vita. Ma la verità è che non sapevo se l'avrei mai affrontato. Gli innumerevoli abusi che avevo sperimentato in varie forme nel corso della mia vita sembravano moltiplicarsi nel tempo. Più la situazione si intensificava, più mi convincevo che ci fosse qualcosa di sbagliato in me. Ogni nuovo evento sembrava confermare il modello di realtà che supponevo fosse in qualche modo difettoso.

Quello che so adesso e che allora non capivo è che quando operiamo dall'interno della gabbia dell'abuso, lo perpetuiamo e non sappiamo come fermarlo. Forse hai sperimentato tu stesso qualcosa di simile: relazioni, relazioni e comunicazioni violente sembrano provenire da ogni angolo della vita.

In effetti, molto raramente l'abuso termina una volta terminato l'evento originario.

Dopo il primo atto, può sembrare che tutti stiano abusando di te.

L'abuso stesso, che si tratti di un singolo evento importante o di una serie di incidenti minori, si ripercuote nelle nostre vite e nella nostra realtà per molto tempo.

Anche se hai subito l'abuso in un ambito della tua vita, è probabile che si sia esteso ad altri ambiti della tua vita e in vari modi. Potresti aver notato che l'abuso si è diffuso come un'epidemia in tutti gli ambiti della tua vita. Se l'abuso è iniziato durante l'infanzia, è probabile che la continuazione dell'abuso nelle sue molteplici forme sia stato fino ad ora il tuo principale punto di riferimento (a meno che tu non l'abbia cambiato in modo significativo e non ti colpisca più).

LO SHOCK SULLA PERSONALITÀ

Una delle chiavi per capire come rispondi agli abusi è che l'atto abusivo è uno shock per il tuo sistema. Il trauma impone quindi al corpo dei sistemi di reazione automatici che si attivano ripetutamente in situazioni di stress. La chimica del nostro corpo cambia letteralmente quando subiamo un atto violento e ci adattiamo ritirandoci nella gabbia invisibile.

Inizialmente la gabbia diventa un luogo di sicurezza ed è tutto ciò che possiamo fare di fronte al sovraccarico sensoriale e molecolare causato dall'evento originario. Ogni volta che qualcosa ci ricorda l'evento originale, ci ritroviamo nella gabbia. Normalmente tutti i sensi sono coinvolti e qualsiasi stimolo sensoriale proveniente dal mondo esterno può farci ritirare nella gabbia. Annusiamo qualcosa che ci ricorda l'evento originale - un profumo o un dopobarba - e ci ritiriamo. Udiamo qualcosa - ad esempio un tono di voce o una certa parola usata durante il delitto - e ci ritiriamo nuovamente nella gabbia. Vediamo qualcosa che ci ricorda l'evento - il nostro colpevole ha i peli sul viso, vediamo un uomo con i peli sul viso - e all'improvviso ci ritiriamo di nuovo. Poi ci sono gli indicatori molecolari più sottili: i tanti sentimenti ed emozioni che l'abuso ha innescato. Quando qualcuno subisce un abuso, questi sentimenti ed emozioni spesso rimangono intrappolati nel corpo e possono essere nuovamente attivati dalla più piccola cosa nella nostra realtà esterna. In un certo senso, incapsuliamo l'autore del reato nelle cellule del nostro essere. La realtà dell'autore del reato diventa il filtro attraverso il quale facciamo esperienza del mondo, ed è una parte essenziale di ciò che ci tiene intrappolati.

Sebbene la gabbia abbia lo scopo di proteggerci – in definitiva, di proteggerci dal verificarsi di un evento simile – alla fine siamo definiti dallo shock di ciò che è accaduto. La nostra struttura molecolare cambia e questi cambiamenti diventano il filtro attraverso il quale sperimentiamo la nostra realtà.

Come ho detto prima, la consapevolezza è una parte importante per risanare la gabbia dell'abuso. Ma quando veniamo spinti nella nostra gabbia perché lo shock dell'evento originale è ancora nel nostro corpo, stiamo lavorando con l' *opposto* della coscienza.

Lavoriamo in trance.

LAVORO DALLA TRANCE

Quando le informazioni sensoriali su ciò che sta accadendo vengono attivate frequentemente, inizi a funzionare come il tuo "anti-tu". Se ricordi questo, l'anti-ego ti impedisce di creare qualsiasi cosa nella tua vita.

Quando ti presenti come "anti-tu", è probabile che accada una delle due cose.

- Hai la sensazione che qualcosa non va, ma non puoi realizzarlo o raggiungerlo.
- Vivevi nella gabbia senza nemmeno rendertene conto.

In entrambi i casi, tendi a incolpare il mondo esterno per come ti senti dentro.

ATTRARRE PIÙ DELLO STESSO

Più operiamo dalla gabbia degli abusi, più attiriamo a noi altri casi di abuso. La risonanza dello shock dell'evento originale e il modo in cui operiamo a partire da quella risonanza a livello molecolare fanno sì che attiriamo esseri simili che funzionano dallo stesso luogo.

Quando ci consideriamo vittime e sentiamo di aver subito abusi, altri autori di abusi sono attratti da noi per ripetere il ciclo.

Non vediamo che anche loro sono intrappolati nei loro cicli e che anche noi svolgiamo un ruolo per loro. Invece, attraverso i nostri filtri appaiono come i nostri aggressori e oppressori, niente di più. Se questo ti è successo, una parte di te probabilmente crede che significhi che c'è qualcosa che non va in te. Come ho sottolineato nell'introduzione a questo libro, non c'è niente di sbagliato in te se continui ad attirare abusi nella tua vita in cicli simili. È solo che una volta che l'abuso si è verificato nella tua vita, non sai come smettere di crearlo di nuovo.

COMMETTERE ABUSI CONTRO SE STESSO

Quando siamo stati abusati, accettiamo la realtà dell'aggressore come se fosse la nostra. Che l'abuso sia stato finanziario, emotivo, fisico, domestico, spirituale o sessuale, la realtà della persona che ce lo ha inflitto diventa alla fine la realtà attraverso la quale sperimentiamo il nostro mondo.

In biofisica esiste il termine " mimetismo biomimetico " - questo significa che abbiamo adottato il modo di vivere nel mondo di qualcun altro come se fosse il nostro. Spesso sperimentiamo la mimetica biomimetica con il nostro aggressore, che può aiutarci a capire come a volte l'abusato possa diventare l'aggressore. Un altro modo di pensarci è che le nostre risposte abituali e condizionate diventano un percorso di dolore. Un esempio: un percorso doloroso potrebbe essere che l'autore del reato crede di essere malvagio, cattivo o sbagliato e questa energia ci viene trasferita durante l'"atto". Allora cominciamo a comportarci come se fossimo malvagi, cattivi o sbagliati. Ciò mantiene vivo l'evento originale, alimentando ulteriormente il fuoco del disturbo da stress post-traumatico e non lasciando mai spazio alla crescita post-traumatica.

L'imitazione biomimetica può assumere molte forme e non significa necessariamente che diventiamo come i nostri autori. Più spesso significa che adottiamo un elemento dello stile di vita dell'aggressore e lo imponiamo a noi stessi. Quando imitiamo biomimeticamente l'autore del reato, significa che agiamo seguendo gli stessi percorsi del dolore su cui agisce lui. Quando ciò accade, non entriamo mai veramente in contatto con noi stessi perché, a un certo livello, cerchiamo inconsciamente l'approvazione dei nostri aggressori imitandoli.

Ad esempio, ho sperimentato il mimetismo biomimetico con mia madre. Ho avuto una relazione turbolenta con lei e per gran parte della mia vita adulta vivevo ancora nella sua realtà energetica. Per me, questo si è manifestato nel fatto che trovavo difficile stare da solo. Non mi sono mai sentito a mio agio da solo e volevo sempre stare con qualcuno. Ho anche trovato difficile modellare e creare la mia vita, ciò che a volte viene definito come "stare in piedi con le mie gambe". Ho passato decenni a creare la realtà di mia madre, non solo nel mio corpo e nella mia mente, ma anche nella mia carriera e nelle mie finanze. Non mi rendevo conto che stavo agendo fuori dalla loro realtà quando l'ho fatto.

Uno dei segni che stai vivendo entro i confini della realtà che l'aggressore ti ha imposto è che agisci a partire dalla tua piccolezza. Prendi decisioni basate sulla paura invece di espanderti. Ad esempio, nel mio caso, ho lasciato che mia madre scegliesse la scuola e le università che frequentavo invece di scegliere me stessa. Quindi il potere era ancora una volta nelle mani dell'autore del reato.

Mia madre era molto controllante, giudicante e violenta. Il messaggio prevalente che ha trasmesso a me e a coloro che la circondavano era: "Ti accetterò solo se farai quello che dico". Piegandomi alla sua volontà, le ho permesso di continuare ad esercitare potere su di me. Ero così concentrato sulla violenza fisica, sui traumi e sugli abusi che non sapevo come dirle di no. Dire sì alla realtà di qualcun altro significa dire no a te stesso. Questo è ciò che ti separa dalla comunione con te stesso.

Allora come fai a sapere se ciò che senti nel tuo istinto è tuo o qualcosa che appartiene a qualcun altro e di cui ti sei appropriato come tuo?

ESERCIZIO DIARIO: DI CHI REALTÀ SEI?

Cosa ti hanno insegnato tua madre, tuo padre e le altre persone nella tua vita su te stesso, sul tuo corpo, sulla tua vita e sulla realtà in cui credi ancora o attorno alla quale progetti la tua vita, consciamente o inconsciamente?

Queste convinzioni sono la tua verità? In altre parole, la scegli adesso?

Essenzialmente, le nostre convinzioni ci servono in qualche modo. In che modo queste convinzioni o comportamenti ti tengono intrappolato nella tua gabbia mentre ti servi?

Riesci a vedere come servire i bisogni degli altri ti mantiene in una vita di compromessi?

I nostri aggressori possono o meno essere ancora nelle nostre vite. Possono essere vivi o morti. Ma quando diamo loro il nostro potere, escludiamo ogni possibilità e viviamo nella limitazione. Ora diventi l'autore del reato contro te stesso. Una volta che avviene questo "capovolgimento", vivi in una realtà completamente automatizzata. Quando parliamo dell'autore del reato, non intendiamo solo l'atto originale dell'abuso in sé. Include anche ogni singola azione offensiva nella tua vita che hai accettato come la tua verità - ogni decisione, conclusione, percezione, ricordo, sogno e giudizio che gli altri hanno fatto su di te, che tu a tua volta hai trasformato nella tua realtà - e quali sono essenzialmente la tua programmazione che sbagli.

Sei un magnete della coscienza, percepisci, conosci, sei e ricevi energia da ogni parte del pianeta, da ogni parte del mondo, dai tuoi antenati, dal tuo corpo, dalla persona della porta accanto, dai tuoi capi, dai tuoi colleghi, da le vostre chiese e così via.

ESERCIZIO ENERGETICO: LASCIARE ANDARE CIÒ CHE NON TI APPARTIENE

Chiudi gli occhi e metti le mani sul timo e sull'osso pubico. Respira attraverso la bocca tre volte e dì: " CIAO CORPO! CIAO CORPO! CIAO CORPO! CIAO ME! CIAO ME! CIAO ME! CIAO TERRA! CIAO TERRA! CIAO TERRA! " Espandi la tua energia per raggiungere i quattro angoli della stanza tocca dove sei e inspira. Espira più che puoi: su, giù, destra, sinistra, davanti e dietro. Inspira dalla parte anteriore, inspira da dietro, inspira da destra e inspira da sinistra. Respira dai piedi e scendi fino alla testa. Ripeti tutti i "Ciao" sopra. Apri gli occhi.

Nota come ti senti e se la tua energia cambia.

In breve, a meno che tu non sia disposto a scegliere e creare la tua realtà, stai scegliendo la realtà di altre persone. E quando sacrifichi la tua realtà per quella di qualcun altro, prosciuga il tuo corpo di molta energia. Ti prosciuga della tua stessa forza vitale. Questo è lo "scopo" della gabbia invisibile: non potrai mai esistere veramente come TE.

5

———

QUINTO CAPITOLO: LA SALUTE E IL TUO CORPO

"E ho detto tranquillamente al mio corpo: 'Voglio essere tuo amico.'" Ha fatto un respiro profondo e ha risposto: "Ho aspettato questo per tutta la vita."

A volte ti senti come se fossi in guerra con il tuo corpo? Se hai subito qualsiasi tipo di abuso, spesso è così. Esistono tre modi principali in cui puoi essere in guerra con il tuo corpo:

- Ti ritrovi a mettere i bisogni degli altri prima dei tuoi.
- Giudichi costantemente il tuo corpo.
- Ignori i segnali e i desideri del tuo corpo.

In questo capitolo esploreremo come l'abuso pone le basi per entrare in guerra con il tuo corpo e cosa puoi fare per sperimentare maggiore pace e armonia nel tuo corpo.

1. METTI LE ESIGENZE DEGLI ALTRI SULLE TUE

Quando si verifica un abuso, diventi invisibile mentre l'aggressore è visibile. I tuoi bisogni diventano invisibili man mano che crescono i bisogni dell'aggressore. Ciò crea il modello per la gabbia invisibile dell'abuso.

Nella gabbia degli abusi pensi che sia normale anteporre i bisogni degli altri ai tuoi. Pertanto, ignori i numerosi segnali e desideri del tuo corpo e spesso metti al primo posto i bisogni degli altri. Mentre ricordi le 4D, potresti scoprire di negare di avere dei bisogni o di *prendere le distanze* perché credi che il tuo corpo non sia importante. Non credi *più* di avere il diritto di ricevere qualcosa e resisti *a tutto* ciò che ti arriva. Questo crea strati di densità sul tuo corpo: peso, tensione, rigidità, controllo, costrizione e così via.

Con il passare degli anni, diventa un luogo comune per te anteporre i bisogni degli altri ai tuoi. Il modello si sta intensificando. Ti ritrovi *ad allontanarti dal* tuo corpo e a trattarlo come se non fosse importante, anche se allo stesso tempo ti senti intrappolato da esso. Il risultato è che *ti separi ulteriormente* dal tuo corpo e vivi nella tua mente. Ma la mente è solo il 10% del tuo corpo, il che significa che stai negando il restante 90% di te stesso.

2. VALUTA IL TUO CORPO

Quando *neghi*, *allontani*, *isoli* e difendi il tuo corpo condannandolo, ti chiudi ancora di più nella gabbia dell'abuso. Il risultato è che il tuo corpo inizia a gonfiarsi. Si sta chiudendo. È limitato. Comincia a provare dolore. Comincia a vedere che le cose vanno male.

Man mano che il tuo corpo diventa più rigido, anche la tua mente diventa più rigida. Inizi a vedere le cose in bianco e nero o a credere che possano essere fatte solo in un modo. Perdi il tuo pensiero creativo a favore di conclusioni e punti di vista fissi.

Potresti anche aumentare di peso o sentirti più pesante. Quando portiamo peso nel nostro corpo, spesso ha a che fare con l'odio verso noi stessi, i giudizi, le decisioni e le conclusioni che abbiamo fatto su noi stessi sulla base di eventi del passato. Anche se non hai problemi di peso fisico, il peso può presentarsi come un altro tipo di pesantezza, come: B. Depressione. Ciò può anche essere dovuto alla densità che hai nel tuo corpo a causa dell'abuso.

Il peso potrebbe essere dovuto alle tossine che porti ancora con te dai tuoi abusatori. Può anche derivare dai giudizi che hai adottato da altre persone e dai giudizi che hai su te stesso. A volte è una difesa che hai creato per proteggerti da altri molestatori. E se mantieni quel peso, significa che tutti gli altri nella tua vita sono potenziali molestatori nei tuoi confronti.

Cambiare attraverso il giudizio

Quando guardiamo il nostro corpo e decidiamo di cambiarlo, spesso giudichiamo noi stessi. Pensiamo di essere cattivi o sbagliati perché i nostri corpi sono come sono.

Ogni volta che decidi che c'è qualcosa che non va in te, viene dal giudizio.

Possiamo decidere di fare più esercizio fisico o mangiare di meno, ma di solito si tratta di privarci di qualsiasi forma di piacere. Quando abbiamo subito abusi, spesso tendiamo a ricorrere a metodi di perdita di peso più duri e a piani irreggimentati. Abbiamo già l'impressione che il nostro corpo sia stato maltrattato e perpetuiamo questa impressione, spingendoci a raggiungere obiettivi di perdita di peso rigorosi e irrealistici che spesso si ritorcono contro. Non sappiamo davvero come diventare amici del nostro corpo perché non siamo gentili con loro. In un certo senso stiamo ancora perpetuando gli abusi che abbiamo subito.

Modelli di disarmonia

Nel terzo capitolo abbiamo parlato di come le tue emozioni possano essere armoniose o disarmoniche, a seconda che tu stia lavorando con le frequenze armoniche più basse o più alte. Ricorda che i modelli disarmonici creano malattia, disconnessione e atteggiamento difensivo.

Il fenomeno mente-corpo è molto reale. Il grasso e le tossine immagazzinate nel tuo corpo riflettono i giudizi, le decisioni e le conclusioni che hai fatto. Sfortunatamente, molti di noi scelgono come verità il peso delle tossine e dei giudizi, piuttosto che la leggerezza e l'espansività delle armonie superiori. Ma quando scegli di mantenere il peso, ti aggrappi a questi giudizi e conclusioni come alla realtà della tua vita, chiudendoti sempre più in profondità nella gabbia. Quando consideriamo il nostro corpo come qualcosa di diverso da un dono, sperimentiamo una profonda mancanza di pace.

3. CONSIDERA I SEGNALI EI DESIDERI DEL TUO CORPO

Un altro modo in cui l'abuso continua è ignorando ciò che il nostro corpo ci chiede di fare. I nostri corpi hanno una saggezza innata che è stata compromessa vivendo nel 21° secolo. Tuttavia, l'abuso diminuisce ulteriormente questa saggezza. Attraverso la negazione, la separazione e l'allontanamento, rimaniamo tagliati fuori dai numerosi segnali e richieste del nostro corpo. Troppo spesso questa saggezza innata viene intorpidita dal cibo, dall'alcol o dalle droghe. Confonde i nostri corpi e le nostre menti quando mangiamo emotivamente o rispondiamo alle voglie. Quando ignoriamo la saggezza del corpo, ci allontaniamo sempre di più da noi stessi. La società si è abituata ad adattarsi in questo modo invece di ascoltare i bisogni del nostro corpo.

Qualche tempo fa ho avuto un'esperienza. Ho deciso di andare in uno dei miei ristoranti indiani senza glutine preferiti. Ci sono stato diverse volte e mi è sempre piaciuto. Ma mentre guidavo lì, il mio corpo mi ha detto: "No, questo non ti fa bene".

Pensavo che l'avrei superato una volta arrivato lì, ma quando ho iniziato a mangiare non aveva un buon sapore. Eppure non mi sono fermato. Il cibo non si è depositato bene nel mio corpo. Sono stata male tutta la notte, ma non era solo a causa del cibo, ma anche perché la mia mente e il mio corpo erano in guerra tra loro. Non avevo ascoltato il mio corpo, anche se mi dava segnali chiari.

ESERCIZIO DIARIO: MANGI CONSAPEVOLMENTE?

Quante volte hai ignorato i segnali del tuo corpo e mangiato quando non eri affamato, triste o arrabbiato? Quante volte hai mangiato anche se il tuo corpo diceva "no" perché eri a mangiare fuori o partecipavi a un evento sociale?

Scrivi quando hai fame. Chiediti: ho fame o sono agitato? Ho sete o ho bisogno di un amico, di un abbraccio, di una passeggiata? Nota cosa vuole realmente dirti il tuo corpo.

GUARIRE GLI ABUSI DEL CORPO

Ciò che la maggior parte delle persone, anche i terapisti tradizionali, non capiscono è che se vuoi guarire gli abusi, devi prima rivolgerti al corpo. Non l'ho mai visto in nessun altro modo. Sfortunatamente, spesso è l'ultimo posto in cui vuoi andare. Il punto è che l'abuso rafforza la separazione tra corpo e mente e la guarigione dall'abuso rimuove quella separazione. Devi letteralmente imparare a rilasciare il trauma dal corpo. È importante imparare come risolvere la disarmonia fisica in modo da essere in armonia con il tuo corpo.

Quando sei uno con te stesso, sei uno con tutto, con tutte le molecole presenti
il mondo. Quando sei separato dal tuo corpo, sei separato da tutto.

Il primo passo è rifiutarsi di permettere che gli abusi passati continuino ad avere potere su di te. In tutto questo libro abbiamo sottolineato che una delle cose più preziose in te è la tua capacità di scegliere. Il tuo primo passo è decidere di non permettere più che i bisogni degli altri siano anteposti ai tuoi, di giudicare il tuo corpo o di ignorare i suoi desideri.

. . .

Alla fine il verdetto

È importante riconoscere come gli abusi passati si riflettono nel tuo corpo. Invece di vederti grasso, brutto, cattivo o sbagliato, puoi riconoscere che questi giudizi provengono da qualcun altro o da un altro tempo e iniziare a creare il tuo corpo da un luogo di rettitudine e integrità.

Invece di cercare di cambiare il nostro corpo attraverso il giudizio e la punizione, possiamo prendere decisioni basate su un nuovo paradigma di " determinazione ". Ciò significa che guardiamo noi stessi e il nostro corpo da un diverso livello di coscienza, basato sulla gentilezza, sull'educazione e sulla cura piuttosto che sul senso di colpa, sulla vergogna, sul rimorso e sull'autopunizione.

Man mano che lasciamo andare il giudizio sul nostro corpo, vediamo sempre di più la connessione tra il peso che portiamo sul nostro corpo e la gravità del problema degli abusi.

Smetti di giudicare il tuo corpo quando smetti di rifiutare, reprimere e bandire te stesso da ogni possibilità. La tua salute, il tuo corpo (e anche il tuo denaro, la tua ricchezza e le tue relazioni, che esploreremo nei capitoli seguenti) riguardano il respingere, allontanare e reprimere te stesso da ogni possibilità.

Di cosa avresti bisogno per creare la gioia della possibilità con il tuo corpo?
accettando e abbracciando te stesso come una possibilità?

Il tuo corpo è un sistema di rilevamento del piacere. A questo punto, tuttavia, probabilmente hai eliminato del tutto l'esperienza del piacere, o hai distorto e distorto il piacere che ti concedi, o lo hai limitato a gratificazioni istantanee come il cioccolato o altri effetti temporanei. Ma il tuo corpo è stato progettato per il piacere ed è programmato per la beatitudine.

ESERCIZIO SUL DIARIO: CAMBIA IL CENTRO DEL TUO CIBO

Invece della solita routine dell'ultimo programma dietetico o della moda passeggera che ti porta a giudicare il tuo corpo, cosa puoi fare per aumentare la gioia nel tuo corpo in modo che la tua attenzione non sia più concentrata su ciò che non va? Non chiederti come perdere peso o cambiare il tuo corpo. Chiediti come puoi lasciare andare gli schemi di giudizio che lo tengono lì.

· · ·

Scrivi 10 giudizi che hai sul tuo corpo. Ogni giorno della settimana successiva, scegli un'azione diversa per ogni giudizio che hai scritto.

Ascolta il tuo corpo e dai priorità ai tuoi bisogni

Nel nuovo paradigma della " determinazione ", non costringi più il tuo corpo a cambiare. Decidi di porre fine alla guerra con il tuo corpo, qualunque cosa serva per ottenere quel cambiamento. Devi essere pronto a prendere questa decisione. Devi essere disposto a essere visibile e a far valere le tue esigenze. Ricorda, quando hai subito abusi, i bisogni degli altri sono diventati più visibili dei tuoi. Devi decidere di rendere visibili le tue esigenze. L'universo ti mostrerà che ti copre le spalle. Ma devi anche essere disposto a mantenerti.

Imparare a comunicare con il tuo corpo e chiedergli di cosa ha bisogno può apportare grandi cambiamenti. Anche se chiedi spesso: "Ciao corpo, di cosa hai bisogno adesso?", puoi riconoscere di avere un corpo e porre fine agli schemi di differenziazione.

Se non sei connesso al tuo corpo da un po', all'inizio potresti non capire cosa sta dicendo. Quando succede qualcosa nel tuo corpo, puoi farti domande come: "Se il mio corpo (o questa parte del mio corpo: chiamala) potesse parlare, cosa direbbe? Cosa vuoi dirmi? È questo per ora" o per dopo?" (Per quanto riguarda l'ultima domanda, a volte il tuo corpo ti mostrerà qualcosa che vuole essere guarito in una sessione di guarigione più profonda e che non dovresti fare subito).

ESERCIZIO: MUOVERSI, MUOVERSI, MUOVERSI

A volte ti svegli sentendoti pesante o stretto nel corpo e non sai perché. Invece di accettare questa condizione, chiediti cosa puoi fare per superarla. Sali sul tapis roulant. Esci e muovi il tuo corpo. Suona il tamburo, batti le mani, balla o canta. Muovi il tuo corpo per 30 secondi e guarda cosa cambia. Aumentare a un minuto o due.

In alternativa, imposta un timer per 15 minuti e scrivi la seguente frase: Una cosa che il mio corpo non vuole che io sappia è ______________ (finisci la frase). Fallo per 15 minuti, poi strappalo e vai avanti con la tua giornata.

. . .

Ricorda che l'abuso non è solo un evento, ma un'esperienza che coinvolge tutto il corpo. Nessuna parte di te può sfuggirgli, ma puoi cambiare i sentimenti che crea più velocemente di quanto pensi.

Agisci in base all'affermazione che il tuo corpo ti dà.

Dico ai partecipanti all'inizio della mia lezione sul corpo di immaginare di sdraiare la testa su un'amaca sulla spiaggia e di dare al loro corpo la possibilità di realizzare ciò che sa. Per molte persone, la testa è il luogo da cui controllano la propria vita, ma noi vogliamo incorporare la saggezza e la consapevolezza del corpo. Il corpo sa tutto. Hai appena imparato a non fidarti di lui. Continua a dire: "Ciao corpo, ciao corpo, ciao corpo". Ciò porta con sé una certa vulnerabilità. Puoi entrare in questo spazio di vulnerabilità ed espanderlo, permettendoti di ricevere molto di più.

I nostri corpi sono adattabili, brillanti e hanno capacità straordinarie: quando vediamo quanto possono essere brillanti i nostri corpi, possiamo lavorare con il suo potere forte e dinamico.

ESERCIZIO: UN NUOVO GIORNO

Per un giorno, fai finta che il tuo corpo abbia ragione su tutto. Qualunque cosa ti dica, comportati come se ti impegnassi ad agire di conseguenza per un giorno. Che futuro creerebbe?

In sintesi, probabilmente ti sei abituato a giudicare il tuo corpo, a ignorarne i segnali e i desideri e a mettere i bisogni degli altri prima dei tuoi. Parte della guarigione dagli abusi è coinvolgere tutto il tuo corpo e tornare in contatto con la tua intelligenza. Il corpo sa molto più di quanto pensi, e quando togli la testa dall'equazione e impari ad ascoltare il tuo corpo, sperimenterai più presenza e una relazione migliore con te stesso e la terra.

6

SESTO CAPITOLO: RELAZIONI E SESSUALITÀ

Se hai subito abusi in qualche modo, è probabile che il sesso e le relazioni non siano così facili per te. Il semplice fatto è che hai bisogno del tuo corpo per avere una relazione e, come abbiamo discusso nel capitolo precedente, il corpo è il luogo in cui vengono immagazzinati molti problemi legati all'abuso.

Esistono diversi modi in cui possiamo esaminare il sesso e le relazioni nel contesto dell'abuso. In questo capitolo ci concentreremo su due dei più importanti:

- Ti ritrovi a inventare cose che credi stiano accadendo nella tua relazione e che in realtà non sono vere.
- Noti che lasci il tuo corpo durante il sesso.

Quando smetti di inventare la tua relazione nella tua testa e impari a rimanere nel tuo corpo durante il sesso, sperimenterai la connessione e l'intimità a un livello completamente nuovo.

INVENTA LA TUA RELAZIONE

Le relazioni possono essere dolci, ma possono anche essere piene di conflitti, traumi, drammi e dolore. La maggior parte di noi ha avuto un po' di comunità in disparte e un intero piatto pieno di conflitti nel mezzo. Le tue relazioni sono gioiose e piacevoli? Oppure sono opprimenti e soffocanti? Stai sperimentando la comunità o stai vivendo la separazione?

Molti dei problemi che abbiamo nelle relazioni derivano dall'"inventare problemi". Le invenzioni sono le bugie che racconti a te stesso, le cose che inventi e le storie su cose che in realtà non sono vere. Ci concentreremo principalmente su come lo fai nella tua relazione principale, ma la creazione di storie può emergere anche in altre aree della tua vita.

Creiamo le nostre risposte, reazioni e comunicazioni in base alle invenzioni che abbiamo sulla relazione. Ci impediscono di sperimentare la vera intimità che desideriamo. Perché questo modello di abuso è così comune? Come sempre, si tratta della gabbia invisibile.

Quando sei chiuso nella gabbia, stai conversando con te stesso.

Crei una conversazione con te stesso in base ai tuoi schemi ed esperienze, quindi proietti le tue conclusioni sul tuo partner, sui tuoi cari, sui tuoi figli e così via.

Lo scherzo crudele è che non dici mai al tuo partner cosa sta realmente succedendo nella tua testa. Invece, distorci e distorci ciò che sta accadendo di fronte a te in base alle tue proiezioni, e di conseguenza la relazione diventa distorta e contorta. Invece di essere la persona che ami, diventa la persona che vuoi uccidere! Esprimi la tua rabbia dalla voce repressa dentro di te senza che il tuo partner sappia mai cosa sta realmente succedendo.

Queste "invenzioni" sono come un gas silenzioso che penetra nella relazione ma non ha realmente un nome. Probabilmente non sai nemmeno che sono invenzioni perché non le guardi nemmeno e non fai domande al riguardo. Una domanda che potresti farti prima di reagire è: "È proprio vero o è una montatura?" Ma probabilmente non ti sei ancora posto questa domanda. Semplicemente lo rendi vero, credi che sia vero, agisci di conseguenza e crei da esso. In tal modo ti chiudi sempre più nella gabbia e allo stesso tempo chiudi il tuo partner fuori dalla gabbia.

Poiché non dici mai al tuo partner cosa sta realmente succedendo, non fa mai domande né solleva questioni. Potrebbero dire qualcosa del tipo "Sei pazzo" o "Lo fai sempre" o "Forse dovresti chiedere aiuto". Ma non sanno chiederti davvero cosa sta succedendo dentro di te. Non sei in contatto con te stesso, quindi neanche loro possono essere in contatto con te.

Segni che stai inventando le tue relazioni

Il primo passo per andare oltre le invenzioni ed entrare nello spazio della vera comunità è riconoscere le invenzioni che stai utilizzando nella tua relazione, piuttosto che basare la tua relazione su storie che non sono vere. Queste invenzioni ti impediscono di sperimentare la vera intimità che desideri.

Allora come fai a sapere se stai inventando la tua relazione? Ci sono quattro segni per riconoscere le tue invenzioni:

1. Le tue esigenze non contano e le esigenze del tuo partner contano.

2. Ti senti dipendente dal tuo partner e allo stesso tempo provi risentimento per questo.

3. Hai stretto accordi inespressi e inconsci, come ad esempio: "Se ti prendi cura di me e mi fornisci sicurezza finanziaria, mi prenderò cura di te. Preparerò i pasti. Mi prenderò cura di te. Farò quello che tu voglio."

4. Non riconosci più chi sei. Hai creato una persona o un ruolo per te stesso. Credi di dover essere così per essere amato. Probabilmente non ti sei mai chiesto se devi essere davvero tu.

Le tue invenzioni sono basate sul passato

Le invenzioni che continui a fare nelle tue relazioni si basano sui vecchi modelli di abuso che hai sperimentato. Spesso si tratta di modelli che hai imparato o che hai preso a modello nelle relazioni e che di solito sono pieni di proiezioni, disconnessioni, aspettative, rifiuti, risentimenti e rimpianti. Invece di superare il tuo passato e creare una nuova forma di intimità, ti intrappoli nella gabbia degli abusi, ricreando il tuo passato e rinchiudendoti ulteriormente in queste bugie e invenzioni. Spesso non riesci mai a vedere veramente ciò che è proprio di fronte a te, o la bellezza dell'essere che ha scelto di condividere la sua vita con te.

Ripetendo con il tuo partner le stesse dinamiche che hai vissuto durante l'infanzia, crei "verità" reciproche che in realtà sono invenzioni. Questo poi diventa il modo in cui ti relazioni e comunichi con lui o lei: tutto si basa su queste invenzioni. Tuttavia, queste invenzioni servono solo a depotenziarti, anche se le metti al di sopra di qualcun altro. Questo crea una dinamica di risentimento che in realtà è solo una conversazione folle che stai avendo con te stesso nella tua gabbia.

Quando non vedi l'altra persona di fronte a te e credi alle bugie, alle proiezioni, alle aspettative, ai risentimenti e così via, crei le tue relazioni basate su questi filtri. In realtà stai creando una relazione basata su una bugia. Questo è ciò che la maggior parte del mondo chiama "relazione".

Questo non è solo un insulto nei tuoi confronti, è anche un insulto nei confronti del tuo partner. Questo è il momento in cui la relazione diventa una guerra tra due persone. Perché tutte quelle convinzioni subconsce attorno alle quali hai costruito le tue relazioni erano basate su limitazioni, scelte subconsce e sulla tua conversazione con te stesso.

Se lo fai, è probabile che anche i tuoi genitori o altri tutori lo abbiano modellato per te. Mio padre viaggiava molto e ricordo che i miei genitori erano felici quando tornava a casa. Ma sapevo anche che mia madre era arrabbiata perché lui non tornava più spesso a casa per aiutarla con i tre bambini. E sapevo anche energicamente che non voleva essere lì. Non l'ha detto, ma l'ho sentito. Ho osservato questa dinamica e ho sentito la differenza tra il loro comportamento e ciò che non dicevano. Il suo finto tentativo di affetto non mi sembrava giusto. Sapevo che era una bugia. Hanno svolto un ruolo l'uno per l'altro e per i bambini. Non ci hanno parlato dei problemi di fondo, ma questi problemi si sono manifestati nelle loro azioni. Ad esempio, mia madre sbatteva il piatto sul tavolo mentre dava da mangiare a mio padre, e lui rispondeva con un'espressione "invisibile" di odio. Hanno agito con il loro comportamento senza usare la voce. Queste sono le invenzioni inconsce che avvengono nelle relazioni e che trasformano la relazione in guerra, conflitto e dramma, invece che in gioia e unione.

Un nuovo modello di relazione

Le relazioni sono progettate per avvantaggiare e consentire te e il tuo partner
crescere insieme, contribuire a vicenda e procurarsi gioia a vicenda.

Non vivo in un ideale utopico in cui credo che non ci saranno conflitti. Ma credo che possiamo cambiare tutto, compreso il nostro comportamento nelle relazioni.

Può essere molto difficile realizzare un cambiamento se continui a basare la tua relazione sull'invenzione di problemi. Quando vivi nella "Terra delle Invenzioni" non parli nemmeno di ciò che è vero. Invece, discuti di problemi che non sono reali.

Se ti è mai capitato di litigare in una relazione e di dire qualcosa del tipo: "Non so di cosa stiamo discutendo", allora sai cosa intendo. A volte capiamo quando si tratta di un'invenzione, ed è una grande forza quando ti fermi nel mezzo del flusso e dici: "È stata tutta una mia invenzione. Mi dispiace. Era tutto una questione di XYZ e non ha niente a che fare con Voi."

La maggior parte di noi non se ne accorge nemmeno quando realizziamo un'invenzione perché spesso sembra così reale, soprattutto quando è associata alle emozioni. La sfida è che le emozioni sono innescate *dalle nostre esperienze passate e quando siamo emotivamente carichi, le nostre invenzioni sembrano molto più reali.*

Se agisci più in base alla coscienza e meno ai tuoi schemi, puoi prendere una decisione in questi momenti. Puoi chiederti:

- Chi scelgo?
- Voglio essere una bugia o un personaggio e intrappolato nella gabbia degli abusi?
- Voglio alzarmi e creare comunità con determinazione e tenacia?

Hai la scelta di creare una nuova possibilità e sperimentare insieme una maggiore espansione in tutte le aree delle tue relazioni: comunitaria, sessuale, finanziaria, fisica, emotiva, mentale, psicologica e spirituale.

ESERCIZIO DIARIO: CREDENZE RELAZIONALI

Annota ogni convinzione che si annida nella tua mente riguardo alle relazioni e chiediti: "È proprio vero?" Fallo con tutto ciò che pensi, senti e percepisci riguardo alle relazioni.

· · ·

Se hai una relazione, parla con il tuo partner dopo aver completato questo esercizio. Discuti con lui o lei (se è meglio avere la conversazione con una terza persona, ti consiglio di consultare un consulente per aiutarti a mediare alcune delle parti potenzialmente più difficili**). Apri la porta della gabbia per una conversazione condivisa. Condividi ciò in cui credi, percepisci e percepisci in modo che possano aiutarti a vedere la verità oltre i tuoi filtri. Sii aperto al fatto che ciò che stai raccontando si basa su una bugia che deriva dalla tua programmazione passata e dalle tue esperienze di vita. Vogliamo aprire un nuovo livello di comunicazione consapevole nella vostra relazione che vada oltre ciò che entrambi pensavate fosse vero. La vera comunicazione oltre il giudizio ti aiuterà ad aprire ancora di più la tua gabbia.

**Questa valutazione della tua relazione serve a garantire che tu non viva più nella gabbia degli abusi. Potrebbe essere più utile parlare prima con qualcuno e poi aprire la porta a conversazioni potenzialmente più difficili con il tuo partner.

SESSO E RELAZIONI

Quando si tratta di sesso e abusi possono sorgere tutta una serie di problemi, soprattutto se l'abuso è di natura sessuale. Se hai subito abusi, potresti "scomparire" durante il sesso. Nel capitolo due abbiamo parlato del disaccoppiamento. La scomparsa durante l'atto sessuale - andare in un luogo sicuro o ritirarsi nella gabbia - può spesso essere innescata durante il sesso.

Ti senti come se sparissi durante il sesso?

Immagina questo scenario e vedi se ti suona familiare:

Giaci sulla schiena in una posa vulnerabile. Dovrebbe essere piacevole, divertente e divertente, ma poi succede qualcosa che ti innesca. Potrebbe essere uno sguardo del tuo partner o qualcosa che dice o fa che ti ricorda l'abuso originale. Pensi immediatamente agli abusi passati, ai ricordi, alla risposta alla fuga o alla lotta e così via. Inizi a trattenere il respiro. Ti senti più sicuro lasciare il tuo corpo, e così fai, permettendo ai tuoi abusi passati di sopravvivere e riprendere il sopravvento. Ti allontani e ti separi da te stesso, ma non dici cosa sta succedendo, soprattutto perché probabilmente stai adottando un atteggiamento simile a quando hai subito abusi. Rimani lì e ti comporti come se nulla stesse accadendo e le sbarre della tua gabbia si chiudono. Molto probabilmente non provi alcun piacere. E se lo fai, non è del tipo profondamente soddisfacente. Fingi o fingi che sia stato divertente. In questo momento potresti chiederti una o tutte queste domande:

- Cosa sta succedendo qui?
- Cosa c'è che non va in me?
- Mi piacerà mai il sesso?"

Di seguito presenterò le mie opinioni su tutte e quattro le questioni.

Cosa sta succedendo qui?

Cosa succede realmente nella gabbia degli abusi quando sei innescato in questo modo? In sostanza, il divertimento e la gioia del sesso non possono essere mantenuti perché tu e i tuoi bisogni siete diventati invisibili.

Stai vivendo il giudizio che hai espresso durante i tuoi abusi passati.

Hai cessato di esistere. Allora le tue esigenze erano dei limiti. I tuoi bisogni non erano importanti. Non eri importante.

Quindi durante il sesso non esprimi i tuoi bisogni e quelli del tuo partner diventano più importanti. Ma come può il sesso essere divertente e piacevole se non ci sei nemmeno?

Cosa c'è che non va in me?

Non c'è niente di sbagliato in te. So che potresti averlo sentito in tanti modi diversi, soprattutto quando si tratta di abusi. Ma questa esperienza di scomparire durante il sesso non è nulla di cui vergognarsi. L'ho sperimentato molte volte e lo hanno fatto anche migliaia di miei clienti. E in questi giorni ho esperienze sessuali davvero piacevoli, radicali e orgasmicamente vivide. Ciò significa che puoi farlo anche tu.

Tuttavia, quando ti induci a scomparire, ti mantieni in una gabbia. Quindi il primo passo quando si innesca questa reazione automatica è concedersi una pausa. Non c'è niente di sbagliato in te se sparisci durante il sesso.

Devi solo ammettere a te stesso cosa è successo che ti ha fatto scomparire, chiuderti o dissociarti. Sarà successo qualcosa, qualcosa che il tuo partner ha detto o fatto, o un modo in cui ti ha toccato che ha innescato il flashback dell'abuso. La prima cosa che puoi fare è ammetterlo e parlarne. Ma la maggior parte di noi tiene la bocca chiusa, i nostri corpi sono freddi e congelati: siamo energeticamente disconnessi. Quando riconosci quello che è successo, puoi creare una nuova storia nel presente - non solo con te stesso e il tuo corpo, ma anche con la persona che sta proprio di fronte a te (o sopra di te, o accanto a te!).

Mi piacerà mai il sesso?

Puoi ricominciare a goderti il sesso se sei disposto a mettere al primo posto i tuoi bisogni. Per fare questo devi decidere tu stesso. Richiede anche che tu non sia più invisibile. Ciò a sua volta richiede che tu smetta di giudicare te stesso. Nell'ultimo capitolo abbiamo parlato di come riconnetterti con i tuoi centri del piacere e divertirti a vivere nel tuo corpo. Questa è comunità a tutti i livelli della tua esperienza fisica e non è limitata solo al sesso.

. . .

Come capire se hai lasciato il tuo corpo durante il sesso

Quando ti disconnetti mentalmente o emotivamente dal tuo corpo o dal tuo partner durante il sesso, ciò che potrebbe farti sentire bene diventa improvvisamente pesante, ristretto e denso. Questo è il primo segno che è successo qualcosa che ti ha costretto a ritirarti nella tua gabbia invisibile. Potresti ritrovarti a giudicarti e ad avere pensieri del tipo: "Sii presente. Questo è il tuo partner. Non senti nulla. Possono vedere che non ci sei più".

Ma può anche essere un'autovalutazione su una certa parte del tuo corpo che ti spinge nella gabbia. Il tuo partner inizia a toccare una parte del tuo corpo con la quale non ti senti a tuo agio, ad es. B. i tuoi fianchi, e inizi un dialogo interno con te stesso: "Come può toccarmi? Mi sento così grasso e poco attraente", e ora ti senti pesante e limitato perché qualcuno ti desidera e ti desidera. Mentre ti ritiri ulteriormente nella tua testa, inizi a disconnetterti. E prima che tu te ne accorga, sei semplicemente lì e non sei più presente.

Diventa più presente durante il sesso

Sei mai stato davvero presente durante il sesso? Se è così, potresti aver notato che è un'esperienza molto più piacevole. E se no, allora devi rieducare il tuo corpo e te stesso per renderlo possibile.

La prima cosa che dobbiamo fare è riconoscere l'energia che non ci permette di essere sessualmente presenti. Questo è un campanello d'allarme da una realtà sonnambula. Puoi cambiare questa energia morta riconoscendola, mettendola in discussione, abbracciandola e incarnandola. È come surfare un'onda nell'oceano. Hai mai provato a combattere un'onda nell'oceano? Lei vince. Perdi. Tuttavia, se surfi sull'onda avanti e indietro, avanti e indietro, ti diverti tantissimo e puoi cavalcare l'onda fino alla riva.

Invece di cercare di risolverti o di chiamarti un problema,
o hai un problema che deve essere risolto o giudica te stesso
al riguardo,
E se iniziassi a riconoscere il tuo corpo per la presenza che è?
E se riconoscessi il tuo corpo adesso, in questo momento?
Metti la mano sul timo (centro del cuore) e l'altra sull'osso
pubico.
Respirare!
Di': "Ciao Corpo! Ciao Corpo! Ciao Corpo!"

Respirare!

Ricorda che facciamo qualcosa solo perché ha un vantaggio. Il problema è che il beneficio è stato ottenuto in un momento, un luogo, una situazione e di solito in un'età molto prima di oggi. In sostanza la decisione è superata, ma il comportamento è ancora attuale.

Per uscire dalla vecchia stanza del check-out, inizia a vedere i bisogni del tuo corpo come una possibilità piuttosto che come una limitazione. La restrizione sarebbe quella di separarti da te stesso e continuare con l'atto senza fare nulla al riguardo. L'opzione sarebbe quella di riconoscere cosa sta succedendo durante l'atto. Guarda nel tuo corpo e guarda come sta. È denso, pesante e ristretto o leggero, elastico e libero? O è un po' entrambe le cose? Quindi chiediti di cosa ha bisogno il tuo corpo per cambiare lo schema.

ESERCIZIO DIARIO: CONSAPEVOLEZZA SESSUALE

Poniti le seguenti domande:

Qual è il vantaggio di scomparire durante il sesso?

In che modo questo mi ha aiutato?

Mi ha protetto o protetto?

Mi ha dato il controllo a un certo livello?

Se potessi chiedere qualcosa in questi momenti, cosa vorrei? Probabilmente non hai mai osato interrompere qualcuno durante il sesso, o forse lo fai sempre. Ad ogni modo, vorresti cambiare qualcosa qui? E se sì, cosa?

Svegliati

Quando inizio una conversazione sulla tua scomparsa durante il sesso, in realtà ti sto invitando a svegliarti. Ciò significa che ti stai svegliando con te stesso. Parte del risveglio implica anche osservare ciò che scegli di fare a un certo livello – consciamente o inconsciamente – per vedere se funziona per te. Semplicemente avviando un dialogo con te stesso sul sesso, inizi a capire quanto sei effettivamente presente.

Ci vuole coraggio per essere veramente presenti e guardare cosa sta succedendo nella tua relazione sessuale con il tuo partner, perché ciò significherà che è probabile che le cose cambino.

Sei più interessato a che le cose rimangano uguali o
Sei più interessato ad essere onesto con te stesso?

Quando prendi la decisione di essere presente durante il sesso, puoi vivere in modo più consapevole e autentico a molti livelli. Quando scegli di essere connesso durante il sesso, permetti che l'atto sessuale sia nutriente e onorante piuttosto che separato e disincarnato. Metti fine al ciclo di abusi. Si tratta di scegliere ciò che è meglio per il tuo corpo, la tua sessualità e il tuo essere. Ed è una delle chiavi per una vita radicalmente vibrante.

Una delle cose che dico sempre alle persone quando lavoro con loro è di associarsi all'ora e al luogo: "Okay, questo è mio marito, questo è il mio compagno, sono le 14 di sabato. Questa è la persona che amo, la persona con cui voglio avere una relazione." Quindi chiedi direttamente al tuo corpo: "Corpo, cosa ti sta succedendo in questo momento?"

Ascoltare il proprio corpo è un modo per andare oltre il vuoto verso una vitalità radicale, oltre il pilota automatico verso l'impegno e oltre la sofferenza verso la gioia. Perché in questo momento tutto ciò che sta accadendo è che ti sei separata da tuo marito o dal tuo partner. In quel momento ti separi effettivamente dal ricevere. Questo è uno schema, un modo di essere che ti separa da tutti i livelli di ricezione, sia esso finanziario, emotivo, fisico o sessuale.

In sintesi, i due tipi più comuni di problemi relazionali che sperimentiamo quando abbiamo subito abusi sono inventare problemi e scomparire durante il sesso. Questi problemi non riguardano esclusivamente gli abusi, ma sono comuni a molte persone che hanno subito abusi. Diventare più consapevoli del fatto che stiamo inventando problemi e connetterci maggiormente con il corpo quando lo abbiamo lasciato sono due modi in cui possiamo risolvere queste sfide ed essere più presenti nella relazione.

Nel prossimo capitolo esamineremo il terzo modo in cui l'abuso influisce sulle nostre vite, ovvero negli ambiti della carriera e del denaro.

CAPITOLO SETTE: SOLDI E CARRIERA

Hai mai notato che gli abusi colpiscono anche i tuoi soldi, la tua carriera e le tue finanze? Potrebbe essere meno evidente che nel tuo corpo e nelle tue relazioni, ma gioca comunque un ruolo importante. Spesso, il modo in cui vediamo noi stessi e i livelli che ci concediamo sono direttamente correlati all'abuso. Ci accontentiamo di lavorare per un capo o qualcuno che è ostile. Compromettiamo i nostri sogni e nel frattempo miniamo il nostro valore. Queste sono tutte forme di auto-abuso. Quando pensiamo all'abuso, in genere pensiamo all'abuso fisico e all'abuso sessuale. Ma non sono solo coloro che hanno subito abusi ad avere spesso un rapporto disturbato con il denaro. È anche uno dei modi in cui abusiamo a vicenda nelle relazioni.

In questo capitolo ci concentreremo su come potresti aver bloccato il flusso di denaro nella tua vita a causa della programmazione e del condizionamento. Vedremo anche come hai permesso ad altri di abusare di te quando si tratta di denaro e finanze.

Abusi sul denaro

L'abuso monetario è un po' più difficile da diagnosticare. Spesso non siamo consapevoli di quali convinzioni o punti di vista abbiamo riguardo al denaro, o di quali segreti e vergogna portiamo con noi e che si confondono nell'ombra quando abbiamo a che fare con il denaro.

L'ombra del denaro è sempre lì, in agguato sullo sfondo. Non sai di cosa si tratta: sembra semplicemente "strano" o "sbagliato". Non ne sei del tutto sicuro perché non sembra un abuso, almeno non un abuso fisico o sessuale.

I tuoi programmi finanziari

Forse non esiste manipolazione più grande del controllo e della manipolazione del denaro sul posto di lavoro, nelle famiglie, nelle chiese, nelle sette e nelle religioni. Questa è tutta una forma di indottrinamento. È un modo di limitare, restringere e restringere in un certo modo gli esseri radicalmente viventi che siamo veramente. In questo modo siamo controllati e impariamo a rimanere piccoli.

Dalla nascita, assorbiamo inconsciamente ogni sorta di idee sul denaro. Ci viene detto: "Il denaro è la radice di tutti i mali" o "Non diventare troppo grande per i tuoi pantaloni". Spesso siamo programmati per non andare oltre ciò che meritano le nostre famiglie. Gran parte della nostra programmazione culturale dice che la mediocrità è una buona cosa, qualcosa su cui dovremmo lavorare. E poi trascorriamo la nostra vita secondo questi programmi subconsci, mentre una parte più profonda di noi sa che deve esserci qualcosa di più di quello per cui ci siamo accontentati.

In uno dei miei programmi radiofonici, ho condotto uno spettacolo con il mentore aziendale di fama mondiale Simone Milasas. Ho chiesto a Simone quali sono gli ostacoli più grandi che vede nelle persone che allena per avere rapporti di lavoro più gioiosi. Ha sottolineato che la causa principale della maggior parte dei blocchi è l'incapacità di superare la questione del denaro.

Ha raccontato come una sua amica abbia sperimentato una sottile forma di abuso riguardo al denaro. I suoi genitori litigavano costantemente, dicendo: "Non possiamo farlo perché abbiamo un figlio" o "Non abbiamo soldi perché abbiamo un figlio". Era figlio unico. È cresciuto pensando: "I miei genitori non hanno soldi perché avevano me" e "Devo rimediare al danno che ho causato nascendo".

Al momento della trasmissione viveva ancora con i suoi genitori. Ha lavorato e ha cercato di sostenerla invece di gestire la propria vita. Questo messaggio gli è stato instillato durante tutta la sua infanzia e ancora oggi sceglie di vivere questa storia.

Questi tipi di modelli che apprendiamo sono una forma di mimetismo biomimetico. Se ricordi il quarto capitolo, ripetiamo ciò che ci è stato insegnato. Continuiamo ad abusare di noi stessi quando si tratta di soldi ripetendo i termini della nostra programmazione iniziale. Ci viene insegnato a modellare il dolore, le scelte, i giudizi, i percorsi e le realtà degli altri che circondano il denaro senza che ne siamo consapevoli, il che limita la nostra capacità di scegliere la nostra realtà.

Abusiamo di noi stessi non chiedendo soldi

Non sono solo gli schemi del passato a portare al nostro uso improprio del denaro. Potremmo anche ritrovarci ad abusare di noi stessi non chiedendo effettivamente soldi. Un modo per farlo è fingere che il denaro non sia così importante o che possiamo farne a meno. Altre volte abbiamo paura di rivendicare il nostro valore. Chiediamo solo una piccola somma di denaro invece di chiedere quanto valiamo.

L'universo ha così tanto da offrire e non lo chiediamo nemmeno.

— *SIMONE MILASAS*

C'è una grande differenza tra ciò di cui hai bisogno per vivere e ciò di cui hai bisogno per vivere una vita piena di possibilità. Anche questo ha a che fare con il tuo passato. Forse sei stato rimproverato per aver chiesto quello che volevi o ti è stato insegnato a sminuirti. La domanda è:

- *Vivi ancora di questi rimproveri?*
- *Stai ancora giocando in piccolo e pretendi meno perché qualcuno ti ha insegnato qualcosa?*
- *E se invece potessi chiedere soldi e non solo quanto basta per pagare le bollette?*

Nella nostra intervista, Simone ha detto: "Credo che abbiamo molto più valore del semplice pagamento delle bollette. Sei tu che hai valore, non le bollette. Che ne dici di iniziare a riconoscerti e ad apprezzarti? Come sarebbe?"

ESERCIZIO DIARIO: COSCIENZA DEL DENARO

Chi ti ha detto che non puoi "chiedere di più"?

Chi stai imitando?

Quanto stress c'è riguardo al denaro nella tua vita?

Riesci a vedere che questa è una forma di autocontrollo e abuso?

Nei miei seminari sul denaro pongo queste tre domande:

- Chi sei?
- Che cosa siete?
- A quale bugia credi?

Secondo la mia esperienza, un problema finanziario è solitamente un "problema di accoglienza". A seconda di cosa significa per te ricevere, proietti queste idee sul denaro (e su altre forme di ricezione). Un esempio: prendi un caffè. Stai lottando con le tue finanze e ti senti a corto di soldi, il che ti fa risparmiare denaro. Quando paghi il caffè, decidi di non lasciare la mancia invece della solita mancia da un dollaro perché sei preoccupato per i soldi. Questa è un'opportunità per un momento di crescita post-traumatico, per fermarti e chiederti: "Chi sono io?" (mia madre): "Cosa sono?" (avaro) e "A quale bugia sto cedendo? (Sono in difficoltà, quindi non posso dare una mancia). Una volta che ti rendi conto che è una bugia, sentiti libero di dare la mancia per continuare a rompere il ciclo".

STRESS E DISAGIO INTORNO AI SOLDI

Se il debito della carta di credito e la gestione del denaro sono stressanti per te, riconoscilo e accettalo. La maggior parte delle persone non vuole affrontare i propri problemi finanziari o i propri conti bancari. Non vogliono sapere quanto devono guadagnare e gestire ogni mese. Vogliono solo restare in questa ruota del criceto. Credono: "Se guadagno solo così tanto, starò bene". Ma affinché qualcosa cambi, bisogna mettersi a *disagio* e guardare tutti gli aspetti. Quando diventi consapevole di tutto ciò che ha a che fare con il denaro, puoi permetterti di creare più di quanto desideri attualmente.

Il denaro esiste da molto tempo. Anche quando ancora si scambiavano le uova con i maiali, come nel baratto, era una forma di denaro. Hai sviluppato una serie di punti di vista forti, quindi sii gentile con te stesso. Ma non abusare neanche di te stesso. Sii disposto a cambiare, ma se ciò non avviene da un giorno all'altro, non giudicarti né rimproverarti per questo.

— *SIMONE MILASAS*

DOMANDE DEL DIARIO: COME PARLI DI SOLDI?

Cosa succede quando parli di chiedere più soldi che si presentano? Sei pronto a riceverlo?

Questa conversazione ti sembra leggera o pesante nel tuo corpo?

Cosa succede alla tua energia quando dici: "Non posso permettermelo" o "Non posso venire con te"? Il tuo corpo ti sembra leggero o pesante?

Cosa stai creando riguardo al denaro con le parole e il linguaggio che usi?

Si tratta di svegliarsi e smettere di abusare di se stessi a tutti i livelli, compreso il denaro. Le persone spesso mi dicono: "Non è così facile smettere di abusare. In realtà, lo è. È facile quando ricordi che tutto è una scelta e decidi di svegliarti e realizzare quello che fai. Puoi scegliere di cambiarlo notando cosa sta succedendo." sta succedendo dentro di te e poniti queste domande in questo momento:

- Fa giorno?
- È una bella sensazione?
- Questo mi sta distruggendo o abusando di me?
- È nutriente per me?
- È questo il futuro che voglio?

L'INTIMITÀ DEL DENARO

Quanto sei intimo con i tuoi soldi? In altre parole, quanto sai del denaro che fingi di non sapere o neghi di sapere? Quando permettiamo a noi stessi di sapere ciò che sappiamo veramente sul denaro, invece di agire in base a ciò che ci è stato insegnato o imparato, possiamo portare uno straordinario flusso di abbondanza nelle nostre vite e nei nostri stili di vita. Tuttavia, nella gabbia dell'abuso, sei intrappolato in prospettive, limitazioni e convinzioni fisse, come ad esempio: B. "Sono merce danneggiata, sono difettoso o c'è un limite a ciò che posso ricevere." Queste idee e convinzioni apprese trasformano il denaro in qualcosa che ha un superpotere su di te e a cui permetti di svalutarti e umiliarti.

È importante sapere che la nostra coscienza è un vasto collettivo di energia e informazioni immagazzinate che esiste dall'inizio dei tempi. Intere culture, famiglie e individui possono avere convinzioni limitanti sul denaro e sul ricevere fin dall'epoca romana. Conosci la storia dei tuoi antenati e il loro punto di vista sul denaro? La nostra coscienza può sopportare la svalutazione e la svalutazione di questi primi sistemi. Quando capirai questo, potrai chiederti se ciò in cui credi sia davvero tuo.

. . .

Soldi "sporchi".

Il nostro rapporto con il denaro spesso ci porta a prostituirci. Con questo non intendo dire che vendiamo i nostri corpi per il sesso. Sto parlando di fare un lavoro che non vogliamo fare in cambio di denaro. Molte persone svolgono un lavoro o una carriera che non gli piacciono o che i loro genitori avevano previsto per loro perché il denaro è meglio che essere un "artista affamato". La domanda è: il tuo lavoro ti soddisfa? Oppure ti senti svuotato alla fine della giornata?

Abbiamo anche un'idea della provenienza del denaro e del tipo di denaro che accettiamo o non accettiamo nella nostra vita. Questo può portarci a "non invitare" denaro quotidianamente.

Soldi polverosi, soldi della droga, soldi cattivi, soldi buoni, soldi puliti, tutto gira intorno sull'idea che ti stai sporcando di soldi. Giudichiamo noi stessi per certe cose quando si tratta di ciò che puoi e non puoi fare per soldi.

— KASS THOMAS

ESERCIZIO DIARIO: AFFERMAZIONE DEL DENARO

Ovunque ho "scaricato" denaro oggi, lo revoco e lo ricevo adesso! Ti ringrazio! Sono grato e soddisfatto!

Ovunque ho ricevuto "non invitato" oggi, lo revoco e lo ricevo ora! Ti ringrazio! Sono grato e soddisfatto!

Ovunque io stesso abbia "non invitato" oggi, lo riprendo e lo ricevo ora! Ti ringrazio! Sono grato e soddisfatto!

Tutto ciò contribuisce all'ombra che abbiamo attorno al denaro che ci tiene intrappolati nella nostra gabbia invisibile. Quando non permettiamo al denaro di essere una valuta e di diventare fluido nelle nostre vite, tendiamo a cadere nei comportamenti delle 4D – negazione, difesa, allontanamento, disconnessione – e questo crea la nostra "realtà finanziaria".

In conclusione, ci sono vari modi subdoli ed evidenti in cui abusiamo di noi stessi con il denaro. Stabiliamo limiti su ciò che crediamo di poter ricevere in base alle nostre esperienze e alla nostra programmazione. A volte ci svalutiamo perché siamo stati svalutati in situazioni di abuso. Per trovare un rapporto intimo con il denaro dobbiamo essere consapevoli di ciò che ci appartiene e di ciò che compriamo dagli altri. Ci rendiamo conto che ciò che pensavamo fosse vero riguardo al denaro è in realtà una bugia in cui abbiamo creduto - e da sempre ha prodotto l'esatto opposto di ciò che desideriamo veramente. Poiché il denaro è spesso un'area in cui disattiviamo la mente, abbiamo molto da guadagnare dall'esplorare la nostra relazione con il denaro. Allora potremo prendere una decisione diversa.

PARTE III

FUGA DALLA GABBIA

VIVERE OLTRE GLI ABUSI E RADICALMENTE VIVI

8
____

OTTAVO CAPITOLO: FARE AMICIZIA CON LA GABBIA DEGLI ABUSI

Quando parlo di fare amicizia con la gabbia degli abusi, ciò che intendo è connetterti con te stesso da un luogo oltre la follia che ha creato la gabbia in primo luogo. Fare amicizia con la gabbia degli abusi significa connettersi con la libertà, la gioia e le possibilità che esistono indipendentemente dalla gabbia. Non devi avere nulla in cambio per uscire dalla gabbia - ed è qui che il mio approccio differisce radicalmente da quello che potresti aver già sperimentato. Invece, impari a scegliere oltre ciò che è successo.

Puoi imparare a prendere decisioni che vanno oltre il continuare a perpetrare. Scoprirai come vivere senza che ciò che ti è successo (che si tratti di un singolo atto o di una serie di eventi) definisca la tua intera vita. Ho scelto di non lasciare che gli abusi che ho subito mi definissero. È un processo continuo in cui scelgo attivamente come presentarmi in ogni momento ed è molto diverso dal modello terapeutico. Ciò è in netto contrasto con la convinzione che qualcosa sia rotto e debba essere riparato, e quando sarà riparato tutto andrà di nuovo bene. Quando avevo tre anni, la mia coscienza lasciò il corpo durante un terribile abuso e osservò la violenza e lo stupro inflitti al mio dolce corpicino. Ricordo di aver deciso che, qualunque cosa "loro" facessero al mio corpo, non mi avrebbero mai preso e non avrebbero mai potuto prendere la decisione di essere ME per me. Hai ancora una scelta adesso, proprio come feci io allora, anche se lotti con il dolore o la negatività. L'essere che sei non potrà mai essere spezzato. Puoi sentirti rotto, ma in realtà non puoi mai essere rotto.

Una cosa so: ognuno di noi ha una storia.
Ognuno di noi accumula urti, contusioni e cose peggiori
lungo la strada.
Credo anche che non importi quali umiliazioni, abusi,
traumi o battute d'arresto subiamo,
non siamo MAI rotti. La felicità è lì per tutti.
gioiello

Ciò che ho scoperto aiutando migliaia di persone in tutto il mondo a superare gli abusi è che non troviamo la via d'uscita dalla gabbia attraverso una soluzione rapida. Per prima cosa dobbiamo aumentare la nostra consapevolezza – inquadriamo la gabbia – come stiamo facendo adesso. "Oh, questo è tutto", sento spesso dire dalla gente. Diamo parole a un sentimento che è stato provato ma non viene mai riconosciuto e di solito rimane senza nome. Dico spesso che è come se ci fosse un elefante che cagava nella stanza per tutto il tempo e tutti camminavano in silenzio. Non lo ignoriamo più. Puzza e ce ne occupiamo.

Proseguendo nella lettura di questo libro, approfondiremo la nostra consapevolezza della gabbia invisibile. Condividerò con te anche strumenti e processi che non solo aumenteranno la tua consapevolezza, ma ti aiuteranno anche a superare la gabbia.

ATTENZIONE

Come leggi nel libro, uno degli strumenti più importanti che consiglio per vivere oltre la gabbia è la consapevolezza. Ciò significa che sei consapevole di quando agisci all'interno della gabbia e che noti quando la gabbia viene attivata. Un partecipante al mio programma radiofonico mi ha chiesto: "Qual è la differenza tra essere consapevoli e prestare attenzione?" Questa è una domanda importante.

Probabilmente hai molta familiarità con l'essere vigili. Quando sei vigile, operi in uno stato di ipervigilanza *all'interno della gabbia* . Questo è uno stato in cui stai aspettando che qualcuno ti derubi. È come vivere in allerta.

La consapevolezza è qualcosa di diverso. Quando sei cosciente, sei connesso a una coscienza universale e infinita. Non sei d'accordo con nulla, non rifiuti nulla e non resisti a nulla. In altre parole, non ti senti legato al tuo punto di vista né hai bisogno di difenderlo. Lo noti e basta. Diventi un osservatore o un testimone e scegli di rispondere nel modo che è meglio per te.

ESERCIZIO SUL DIARIO: FACILE E DIFFICILE

Per prendere decisioni consapevoli, puoi capire cosa ti sembra facile o difficile. Ciò che ti sembra facile è ciò che vuoi o è vero per te, mentre ciò che ti sembra pesante è ciò che non funziona per te o è una bugia per te.*

Pensa a qualcosa che volevi e che ora hai. Come ti sei sentito quando l'hai ricevuto?

Ora pensa a una situazione che vorresti cambiare. Quando lo immagini, come ti senti nel tuo corpo?

Fai l'inventario delle persone e delle attività della tua vita e nota come ti senti quando ci pensi.

Probabilmente conosci gli angoli della gabbia molto meglio di quanto tu conosca la libertà e le possibilità.

- E se scegliessi la consapevolezza in ogni momento?
- Quanto sarebbe diverso il tuo mondo?
- E se, invece di intorpidirti o chiuderti, decidessi di diventare davvero consapevole di cosa sta succedendo?
- Cosa significa per te la libertà?
- Come saprai quando sarai libero?

C'è un altro fattore importante nell'espandere la tua consapevolezza: quando esamini la gabbia, fallo da una posizione di non giudizio. Ricordatevi che il limite e la mancanza da cui è nata la gabbia erano reali nel momento in cui è stata creata. Da allora, ne sei venuto a patti perché era l'unica cosa che potevi fare. Ora scopri di avere una scelta e di poter scegliere e modellare la tua vita a partire da questa nuova consapevolezza.

ESERCIZIO DIARIO: CONOSCERE LA TUA GABBIA

Nota quando sei nella gabbia senza perderti nella forma o nella struttura della gabbia e poniti le seguenti domande senza "cercare" una risposta. Basta essere aperti a riceverne uno.

Questo è vantaggioso per me?

Cosa ci vorrebbe per cambiare la situazione?

Cosa posso essere, fare, avere, produrre o creare oggi che cambierebbe immediatamente la situazione?

Successivamente, inizia un dialogo con la gabbia: "So che stai cercando di proteggermi. Hai fatto del tuo meglio in questo momento. Sei mio alleato e stai cercando di aiutarmi.

Chiediti: "Mi sto divertendo? Cosa posso essere, fare, avere, produrre o creare che mi *piacerebbe* ? Allora fallo e basta! La scelta e la libertà ora diventano la tua realtà.

Ricorda che questo è un processo continuo e non un esercizio una tantum. È probabile che dovrai ripetere l'operazione più volte. Ciò di cui hai bisogno in un momento per vivere oltre la gabbia potrebbe essere completamente diverso in un altro momento. Quando inizi a scomporla, emergeranno diversi aspetti della gabbia. La chiave è prestare attenzione a quando sei nella gabbia e poi fare una scelta diversa che ti permetta di vivere oltre la gabbia.

CONOSCERE, ESSERE E PERCEPIRE

Nel mio programma radiofonico, diversi interlocutori mi hanno chiesto come possono "combattere per uscire" dalla gabbia degli abusi. La convinzione che devi combattere per uscire dalla gabbia è creata dall'energia dell'esperienza originale con cui sei ancora in sintonia. Nessuno uscirà dalla gabbia degli abusi combattendo. Questo porta semplicemente a più o meno la stessa cosa. Si tratta invece di essere, conoscere e percepire qualcosa di diverso. Si tratta di superare i sistemi di credenze che ti sono stati imposti e che non sono mai stati veramente parte di te. Sì, potresti averli adottati inconsciamente come tuoi, ma se non li scegli, non sono veramente tuoi. Se provi a uscire dalla gabbia combattendo, avrai a che fare con la stessa energia distruttiva che è stata utilizzata per crearla. E non sarai amico di te stesso se lo fai.

Ho anche sentito clienti dire: "Non riesco a raggiungere il fondo della gabbia. Voglio chiarire che anche se stiamo usando la metafora di una gabbia e potresti pensarla come qualcosa di tre- dimensionale, la gabbia non ha fondo vedere qualcosa a cui devi "andare fino in fondo" è una conclusione che ti intrappola in essa. Quando dai alla gabbia forma, struttura e significato, ne crei sempre di più ti allontani dal vecchio paradigma secondo cui devi aggiustare qualcosa o andare a fondo per guarire.

Anche se provi tristezza quando inizi a lasciare la gabbia, se ne sei consapevole, probabilmente scoprirai che sotto la tua tristezza si nasconde la gioia. Puoi piangere lacrime, ma le lacrime che rilasci scioglieranno le sbarre intorno a te. La decisione crea nel momento la libertà che hai sempre saputo esistesse.

In sintesi, abbiamo nominato ciò che probabilmente ti ha tenuto in silenzio per anni o addirittura decenni. La tua intera percezione probabilmente cambierà quando inizierai a riconoscere gli schemi e i programmi che in precedenza pensavi fossero "tu" e ora realizzi che sono in realtà un prodotto della gabbia. Continueremo a esplorare la gabbia invisibile in questo libro e ti forniremo altri modi per superarla.

NONO CAPITOLO: UNA CONVERSAZIONE RIVOLUZIONARIA DI SPERANZA

Se hai convissuto con gli abusi, potresti essere abituato a vivere senza speranza. Il mio desiderio è portare un messaggio rivoluzionario di speranza a tutti coloro che hanno subito abusi in modo che possano lasciarsi alle spalle ciò che hanno vissuto. Nel mio lavoro ho scoperto che ci sono molte persone nel mondo che, nel profondo, cercano una nuova conversazione sulle possibilità.

Chiedo un cambiamento radicale nel modo in cui il mondo vede, percepisce e sperimenta gli abusi. Non prendo questo ruolo alla leggera. Credo davvero che la quantità di abusi fisici, emotivi e sessuali che ho sperimentato personalmente in questa vita sia stata la porta per eliminare gli abusi per me.

Quindi in questo capitolo voglio iniziare una conversazione rivoluzionaria di speranza che porti a un paradigma completamente nuovo per cambiare l'abuso, sia dentro di te che nel mondo.

Al di là di qualsiasi cosa

Nel corso del tempo, ho sviluppato una serie di programmi per questo scopo, tra cui Live Your ROAR - la tua "Realtà Radicalmente Orgasmicamente Viva ". Il concetto chiave qui è l'idea di "oltre tutto". Ciò che intendo con questo è che possiamo andare oltre i parametri di tutto ciò che è stato definito finora.

Diamo un'occhiata ad alcune delle regole che contribuiscono a vivere il tuo ROAR e cosa significa "al di sopra e al di là" in ogni momento:

- Riconosci la gabbia in cui hai vissuto che ti ha tenuto in una storia infinita di abusi, disabilità e limitazioni
- Riconosci che hai la capacità di creare una nuova realtà e scegli di lasciare andare le strutture e le bugie che ti hanno tenuto ingabbiato

- La volontà di creare cambiamenti rivoluzionari nella tua vita, di vivere radicalmente oltre la gabbia degli abusi
- Prendere decisioni che ti sembrano facili e giuste (anche se le altre persone ti giudicano per loro)
- Crea una vita illimitata piena di possibilità e gioia
- Presentarsi per vivere la propria vita pienamente sveglio, consapevole e presente
- Decidere in ogni momento e progettare la tua vita in modo tale che sia divertente e ti nutra

Questo lavoro richiede un profondo impegno con te stesso, una sorta di follia se vuoi, nel senso più positivo. Si tratta di mostrare la tua presenza più forte.

"Oltre tutto" significa che non importa chi ti lascia, cosa muore, cosa finisce, quale relazione lasci andare, in quale attività o carriera ti sposti e chi o cosa ti lascia andare, sei tu a scegliere te stesso.

Quando ti impegni in questo processo di scoperta e recupero di te stesso, la tua vita cambierà. Per uno dei miei clienti, vivere "oltre tutto" significava prendere decisioni nella sua carriera che l'hanno portata da $ 20.000 all'anno quando abbiamo iniziato a lavorare insieme a $ 244.000 in diversi anni. Ha detto che il processo è stato impegnativo, ma i risultati le hanno permesso di andare avanti.

Il mio lavoro mi porta in tutto il mondo, ma che sia a casa o in viaggio, lavoro costantemente sulla mia coscienza e utilizzo tutti gli strumenti a mia disposizione. Quando supporto gli altri nella loro crescita personale e trasformazione professionale, faccio lo stesso anche per me stesso. Vorrei dirti che tutto questo mi riesce facile al 100%, ma non sarebbe vero. Comportava molto dolore fisico e vecchi traumi che divampavano nel mio corpo. Ho capito che nella mia vita vado oltre tutto quello che ho realizzato finora e vado oltre i miei stessi punti di riferimento. Anche se questo può essere scomodo e stressante, è una scelta di riconoscere tutti gli ostacoli, le intensità e il dolore che si presentano. È una decisione di lasciare andare i confini che hanno definito noi e le nostre vite. La decisione è sempre nostra:

- Metterò la leggerezza e la gioia sopra ogni cosa?
- Sceglierò l'energia, lo spazio e la consapevolezza per una nuova possibilità per me stesso?
- Sceglierò di superare la pesantezza e il dolore, la sofferenza, il trauma, il dramma e la lotta?

- Cosa ti sembra espansivo e divertente per te?
- Cosa sembra pesante e minaccioso?
- Che senso ha sentirsi pesanti e minacciosi?

Il tuo corpo ha la capacità di dirti queste cose, ma se non sei abituato ad ascoltarlo, potrebbe sembrarti estraneo. Più pratichi questo tipo di consapevolezza, più diventa facile e divertente.

ESERCIZIO RIVISTA: NUOVE ELEZIONI

Qual è la decisione che potresti prendere adesso e che non hai mai preso prima, che potrebbe portarti serenità e gioia? Come sarebbe per te questa nuova opportunità?

UN CASO DI STUDIO - CLIVE

Clive ha partecipato al mio workshop di un giorno Radicalmente Alive Beyond Abuse in Australia. Aveva circa 60 anni e non aveva mai parlato dei suoi abusi sessuali. Da adolescente fino ai vent'anni, era stato violentato e sodomizzato da suo nonno per 10 anni e aveva tenuto il segreto. Ne ha parlato solo con un'altra persona prima di venire al mio workshop in Australia. Non aveva mai fatto nessun tipo di terapia.

Quando insegnavo a Clive, l'intera sessione durava circa 45 minuti e si svolgeva davanti a tutta la classe. Aveva detto all'inizio della giornata: "Non so esattamente perché sono qui. Non sono sicuro di cosa avrò da guadagnare dall'essere qui, ma sapevo che dovevo venire". Quando lo disse, capii subito che se mi avesse permesso di sostenerlo, qualcosa sarebbe cambiato.

È stata una di quelle esperienze in cui ci scambiavamo domande e risposte, come una partita di ping pong. Era come se qualcosa dentro di lui dicesse: "Per favore, toglilo dal mio corpo. Lasciamene parlare. Non lo voglio più".

Attraverso domande, risposte, strumenti e tecniche, nonché la mia formazione sui traumi e sugli abusi, sono stata in grado di portare Clive in uno spazio dell'essere indescrivibile. Alla fine della sessione sembrava un ragazzo bellissimo e innocente che aveva appena perso eoni e una vita di dolore, trauma, pesantezza e fardello derivanti dai 10 anni in cui era stato violentato e sodomizzato. Quando ripenso a questa sessione, ricordo la bellezza e non il dolore. In meno di 45 minuti, qualcosa che qualcuno aveva portato nel proprio corpo per decenni è stato rilasciato.

Se siamo aperti a lasciare andare, con gli strumenti e il supporto giusti possiamo apportare enormi cambiamenti in un breve periodo di tempo. La disperazione, d'altro canto, ti rinchiude nella gabbia dell'abuso. Clive è entrato in classe senza saperlo, ma sapendo che voleva lasciarsi alle spalle gli abusi, si è fatto un regalo. Mi ha detto che ora sperimenta più libertà e spazio di quanto avrebbe mai potuto immaginare.

RICEVERE

Vivere oltre l'abuso significa permettersi di ricevere di più, e spesso mi viene chiesto come farlo. Ecco la mia risposta: è come andare in bicicletta o andare in palestra. È un muscolo che devi solo continuare ad allungare. È un'esperienza per la quale all'inizio potresti aver bisogno di alcune ruote da allenamento. Ci sono alcune cose che ricevo molto bene adesso, ma ho dovuto imparare praticando la ricezione.

L'idea di ricevere è distorta attraverso gli occhi di chi subisce abusi. Nel mio caso, pensavo di ricevere qualcosa quando qualcuno mi giudicava o mi mandava a quel paese. Pensavo che qualcuno mi avrebbe denigrato al punto da chiamarmi stupido o darmi soprannomi dispregiativi da parte della mia famiglia. Per me significava essere stuprata o abusata sessualmente, o essere insultata perché troppo grassa. Questo è ciò che ha significato per me ricevere. E per molto tempo ho basato la mia realtà su questo. Allora come impari a ricevere quando la tua percezione è stata distorta?

. . .

Se è leggero, è giusto

C'è una regola d'oro quando si riceve:

Se è facile, è giusto.

Se il tuo corpo avverte qualsiasi tipo di intensità, pesantezza, densità o tensione quando sbadigli, ti allontani o cerchi di allontanarti da quella persona, sta accadendo qualcosa che non ricevi. Ad esempio, qualcuno potrebbe provare a importi qualcosa che non desideri. Hai la scelta in questo momento di ricevere ciò che è facile e giusto per te. Puoi fermare tutto ciò che è pesante e ingombrante. Questo è il primo e più importante atto quando si riceve.

Fai stretching per ottenere di più

La seconda lezione sulla ricezione è aprirsi oltre i limiti percepiti della ricezione. Immagina di fare stretching per ricevere amore e cura in ogni muscolo, legamento, cellula, tendine, organo e sistema del tuo corpo, anche se senti una voce familiare che ti dice che non lo meriti o che non è per te . È una pratica ricevere sempre di più. Questo è qualcosa di completamente diverso dai vecchi schemi energetici come il bisogno e il prendere dagli altri. Per me, spesso si tratta di avere fiducia che ricevere non si rivolterà contro di me, come è successo così spesso nel mio passato. Se c'è un trauma nella nostra storia, potremmo dover lavorare un po' di più per ricevere l'amore che è lì per noi, ma ne vale la pena. Riceverlo è un dono che tu e il tuo corpo meritate.

Se non hai una relazione, puoi anche esercitarti a ricevere con altre cose come denaro, cibo, esercizio fisico o il tuo stesso corpo. Ci sono tanti modi in cui possiamo esercitarci a ricevere:

- Vai a fare una passeggiata
- Prenditi un giorno libero per prenderti cura di te stesso
- Fatti fare un massaggio
- Acquistare qualcosa per cui hai i soldi ma che ti sei negato
- Preparati un pasto sano
- Inizia un hobby a cui sei sempre stato interessato

Tutte queste cose sono modi di ricevere. E come tutti gli esercizi di questo libro, questo non è uno sforzo da fare una volta sola.

- Come puoi ricevere di più ogni giorno?
- E come puoi aprirti in questo momento per ricevere pienamente i doni che sono a tua disposizione?
- Che ne dici se solo per oggi abbandoni la gabbia e ti liberi dal tuo porcospino invisibile?
- Che ne dici se solo per oggi ti aprissi all'universo mostrandoti qualcosa di grande?

In sintesi, ci apriamo a un nuovo percorso per superare gli abusi e iniziare un dialogo nuovo e rivoluzionario sulla speranza di cambiamento. In questo capitolo abbiamo iniziato questa conversazione e nei capitoli successivi imparerai strumenti più pratici per renderla più di una semplice conversazione e diventare qualcosa che puoi fare nella tua vita.

10

———

DECIMO CAPITOLO: STRUMENTI DI CAMBIAMENTO

Liberarsi dalla gabbia invisibile degli abusi è un processo. Non è un atto occasionale o un trucco occasionale, anche se ci piacerebbe pensarlo. Alcune terapie lo suggeriscono, ma questo è un mito curativo che ci è stato venduto. Molti di noi aspettavano questo momento. Nella mia esperienza, non funziona in questo modo. Puoi fare un passo fuori e poi ritirarti nella gabbia. Quindi, prima di andare avanti, voglio assicurarmi che tu dissipi ogni idea sbagliata sul tuo percorso di guarigione personale. Se puoi permetterti di ritirarti nella gabbia e di non agire da una posizione di condanna, l'intero viaggio sarà molto più indulgente.

TROVARE UNA LINGUA PER L'ABUSO

Ho scoperto che uno dei modi per superare la gabbia degli abusi è avere una conversazione che ti permetta di superare la vergogna per quello che è successo. In psicologia esiste un termine chiamato "alessitimia". È l'incapacità di identificare le parole e i sentimenti associati alle tue esperienze di abuso. Quante volte hai aperto la bocca per parlarne, ma le parole non sono uscite? Questa è la parte di te che non è stata in grado di esprimere e articolare la tua esperienza: una voce che può condurti fuori dalla gabbia.

LE 3 FASI DELLA SCELTA

Probabilmente stai attraversando da tempo una storia di abusi. Il passo successivo è *realizzare* che sei parte della storia di abusi. Nella fase successiva, devi *smettere di* definirti in base alla storia. Il processo sarà simile a questo:

1. Non sapevo ci fosse un'altra opzione.
2. Mi sono reso conto che c'era un'altra opzione, ma non sapevo come usarla.
3. Ho visto che c'era un'altra opzione e l'ho presa.

Il terzo passo è quello su cui ci concentreremo in questo libro. È il passo che ci porta fuori dalla gabbia verso una vitalità radicale.

LASCIARE PRIMA DELL'ABUSO

Uno degli elementi chiave nella guarigione dagli abusi è ricordare come eri prima dell'abuso, che può includere sia la memoria che l'immaginazione. Dico entrambi perché a seconda dell'età in cui è avvenuto l'abuso, potresti avere ricordi chiari di come eri nella vita. Ma a volte le persone devono usare la propria immaginazione per immaginare chi fossero. Una volta che sarai in grado, potrai iniziare a immagazzinare nuovi ricordi di come si sentono la sicurezza e l'amore nel tuo corpo.

Nei miei laboratori faccio tornare le persone in uno spazio e in un tempo precedenti all'abuso e da lì comunicano con le molecole del loro corpo. Ciò significa che, a livello molecolare, ricordi l'essere veramente magnifico che eri prima che si verificasse l'abuso. Voglio portarti dove eri prima di subire abusi e prima che la gabbia venisse attivata e tu iniziassi a vivere nella sua visione distorta della realtà. È il luogo prima che la negazione, la difesa, la dissociazione e la disconnessione fossero il carburante per il tuo corpo. È il luogo prima che fossi controllato dai tuoi sistemi di risposta automatica e dal tuo allarme rosso.

La verità è che esiste una perfezione in te che esiste al di fuori della tua attuale immagine di te stesso. Non sto parlando del tipo di perfezione in cui fai tutto bene. Sto parlando del tipo di perfezione in cui vedi te stesso oltre i tuoi difetti percepiti. Sto parlando di vivere dall'unità e non dalla separazione. Sto parlando di presentarsi al mondo sapendo che l'universo ti copre le spalle. Anche se dici di non averlo mai sperimentato, ti chiedo di andare oltre il pensiero di "non posso" o "non voglio" o "questo succede a tutti gli altri e non a me".

Nel capitolo quattro abbiamo parlato della mimetica biomimetica e di come si fa a farsi carico del dolore degli altri. Fino ad ora è stata come una bolla intorno a te. La vera comunità è un ritorno a un luogo e a un tempo nel tuo corpo che ti ricordano oltre quella bolla. Ricorda come si sentono l'amore, l'accettazione, la calma, il nutrimento, la sicurezza e la connessione. È uno spazio dinamico nel tuo corpo che vibra e pulsa - *danza* - con unità, libertà, spazio e coscienza.

Consenti a te stesso di fidarti e abbraccia la gioia. Ti ritroverai a ballare con tutto.

— RALPH WALDO EMERSON

È conoscere, essere, percepire e ricevere l'essere straordinario che sei veramente. È la profonda consapevolezza che non c'è niente di sbagliato in te e che non è mai stato sbagliato. L'unica cosa veramente sbagliata è aver vissuto una storia di prigionia, dolore e trauma che ti ha rinchiuso in un'invisibile gabbia di abusi. Ciò che è sbagliato è la separazione dal tuo meraviglioso sé, che ricorda e vive della tua vera natura.

CASO DI STUDIO - EMMA

Quando ho lavorato con Emma, le ho chiesto com'era il suo corpo prima dell'abuso. Lo ha descritto come libero, giocoso e fantasioso. Si ricordò di quanto fosse stata creativa e potente allora. Da bambina, sentiva di avere la magia a portata di mano e da lì poteva fare tutto ciò che sognava. C'era un'innocenza infantile.

Mentre si muoveva sempre di più in questo spazio a livello molecolare, sentiva di poter correre liberamente.

Si ricordò che non doveva preoccuparsi di nulla al mondo. Poteva produrre e creare tutto ciò che voleva. Percepì tutto ciò come un'esperienza reale e ciò portò ad un corrispondente cambiamento nel suo rapporto con il suo corpo.

Un punto importante da capire è che le molecole con cui stai comunicando esistevano prima dell'abuso. Non sono mai scomparsi e non sono mai stati portati via. Quando non lo capiamo, pensiamo di dover ritrovare qualcosa che abbiamo perso. Niente è andato perduto. È solo che sono stati nascosti sotto la storia dell'abuso e di tutto ciò che hai deciso di fare a seguito dell'abuso, comprese le idee su come superarlo, guarire e cambiare.

ESERCIZIO ENERGETICO: COMUNIONE CON LE MOLECOLE

Consenti a te stesso di riportarti indietro almeno ad un momento in cui il tuo corpo viveva in uno spazio di calma, nutrimento, sicurezza, amore e accettazione. È lo spazio della vera comunità in cui sai che l'universo ti copre le spalle e vuole sempre amarti, sostenerti e darti qualcosa.

Nomina ad alta voce l'ora, l'età e il luogo prima che si verificasse l'abuso. Per accedere allo spazio comunitario prima e dopo l'abuso, è necessario confrontarsi con la possibilità che esistesse uno spazio prima dell'abuso.

Consenti al tuo corpo di espandersi a questa sensazione. Quindi svolgi un'attività che corrisponda a quella sensazione. Può essere semplice come fare un bagno caldo, accendere una candela, ascoltare un brano musicale, fare una passeggiata nella natura o giocare con il tuo animale domestico.

Consiglio di fare questo esercizio almeno una volta al giorno. Nota se la tua energia cambia mentre fai questo esercizio: c'è una brezza fresca o leggerezza? Quando avverti anche un minimo cambiamento, stai sperimentando la connessione da prima dell'abuso a dopo l'abuso.

Guarire dagli abusi secondo questo nuovo modello richiede una scelta, anche se la decisione di superare l'abuso tornando dove è avvenuto può sembrare inizialmente impossibile. La storia degli abusi esiste da molto tempo. Forse non sei mai stato senza di lei.

Potrebbe essere necessario un cambiamento radicale di prospettiva anche solo per pensare di superarlo.

ESERCIZIO DIARIO: SCEGLI DIVERSAMENTE

Hai visto il film *Ricomincio da capo* in cui il personaggio principale rivive lo stesso giorno ancora e ancora? Come ti sei sentito quando hai rivissuto lo stesso giorno più e più volte?

Cosa ti servirebbe per cambiare idea? Come potresti scegliere diversamente?

Parte del superamento della gabbia è scoprire che sei più del tuo abuso. C'è un te che è diverso dall'aggressore e dall'aggressore. C'è un te che trascende qualsiasi cosa ti sia mai accaduta. Ed è una scelta andare oltre qualunque cosa tu abbia deciso di fare a causa dell'abuso. In questo modo l'abuso può passare in secondo piano e tu puoi creare e modellare la tua realtà.

I seguenti sette passaggi ti aiuteranno a definire la tua realtà come distinta e indipendente. Ricorda che ogni passaggio si basa sull'altro. Quindi non aspettarti di poterli spuntare come una lista di cose da fare. Non è questo il punto. Ogni passo è un punto di luce nella tua coscienza, che ti offre più scelte nel tuo percorso verso l'autoliberazione.

Passo uno: riconosci la tua gabbia e riconosci il fatto che non funziona per te.

Passo due: scegli di guardare la tua gabbia invece di negarla o difenderla.

Fase tre: prendere la decisione di lasciar perdere. Decidi che lo cambierai.

Fase quattro: ottieni supporto e racconta la tua storia. Ricorda che questo è diverso dal condividere il dolore. Trova invece qualcuno che ti incoraggi e con cui puoi condividere: "So cosa sta succedendo e come posso superarlo?" Con il supporto, puoi iniziare a costruire consapevolezza dentro di te.

Passo cinque: Connettiti con la tua capacità creativa ricordando o immaginando com'era prima di subire abusi. C'era - e c'è - qualcosa di magico in te che è oscurato dalla storia di abusi.

Passo sei: preparati a liberare il tuo genio. Osate fare il salto in nuovi ambiti, progetti e stili di vita.

Passo sette: sii te stesso: reale, crudo, non tagliato,

senza censure. Qui vivi oltre la tua storia, oltre il tuo passato, oltre la tua realtà.

ESERCIZIO SUL DIARIO: DI COSA SONO CONSAPEVOLE?

Rispondi alle seguenti domande:

Quale consapevolezza ho già ma non riconosco che cambierebbe la mia realtà adesso?

Cosa ricordo del periodo precedente all'abuso? Com'era essere me?

Cosa vorrei creare adesso?

Cosa posso scegliere ora che mi porterà oltre la vecchia storia di abusi e mi ispirerà a una possibilità diversa?

In sintesi, abbiamo esplorato strumenti di cambiamento per aiutarti a sviluppare una maggiore consapevolezza del tuo vero sé: un sé che non è mai stato ferito dalle cose che ti sono accadute, ma piuttosto sepolto sotto la tua storia di abusi. Questo sé - il magico te - aspetta solo di essere riconosciuto da te. Ciò mette il potere di scelta nel momento presente e nelle tue mani. Scegli ora di essere radicalmente vivo.

11

UNDICESIMO CAPITOLO: AGGIORNA IL TUO SISTEMA OPERATIVO SUBCONSCIO

Hai mai notato cosa succede quando non aggiorni il sistema operativo del tuo computer? I file vecchi, obsoleti e danneggiati possono influire in modo significativo sulle prestazioni del computer . Lo stesso vale per il tuo subconscio.

Esistono così tanti sistemi di risposta condizionata basati su convinzioni radicate nel nostro corpo quando abbiamo subito abusi o traumi che improvvisamente ogni situazione diventa un fattore scatenante e una reazione piuttosto che una risposta e una scelta. Quando aggiorni la tua programmazione subconscia, lasci andare il passato in modo da poter creare nel presente.

Liberati dalle bugie

Devi davvero renderti conto che sono la tua psicologia, la tua mentalità e i tuoi sistemi di credenze a fornirti le bugie e le sfide più grandi. Stabiliscono regole e comportamenti che non solo ti separano ulteriormente da chi sei e dalla vita che sceglieresti liberamente, ma influenzano anche il modo in cui la tua realtà esterna ti si presenta.

Questa diventa un'esperienza che si autorealizza e ti " dimostra " che non potrai mai vivere oltre l' abuso , che non sarai mai l'essere forte, brillante e fenomenale che sei veramente.

La domanda è:

- Quanti abusi devi effettivamente causare e subire?
- Quando è abbastanza?
- Quando deciderai di non convivere più con le bugie che hai imparato per incarnare la tua realtà?

ESERCIZIO DIARIO: DIVENTARE CONSAPEVOLEZZA DELLA BUGIA

Ora scrivi 10 cose che sai essere basate su bugie nella tua vita. Guardalo dalla prospettiva del tuo corpo, dalla prospettiva delle tue finanze, dalla prospettiva delle tue relazioni, dalla prospettiva della tua carriera o lavoro, dalla prospettiva del modo in cui parli a te stesso e del modo in cui parli a te stesso e altri bypassano.

Ricorda, questo è un esercizio di consapevolezza, non di autocondanna.

Al di là del giudizio su te stesso o sugli altri

Quando giudichi te stesso, ti imprigioni ulteriormente nei tuoi difetti. Per qualche ragione, è di grande conforto sapere quanto ti sbagli, quanto sei cattivo, quanto sei terribile e così via. E questa è la *vera* epidemia e il terreno fertile per ulteriori abusi. Ti blocca anche in uno schema e ti garantisce che non dovrai mai essere niente di più di quello che sei adesso.

ESERCIZIO DIARIO: GUARDA IL SENTIMENTO

Quanti giudizi hai sulla falsità e sulla malvagità di te stesso?

Quanti giudizi hai su te stesso come "merce danneggiata" o qualcuno che è rotto?

Quanti di questi giudizi hai espresso nella tua "posizione di ritiro" in modo da non andare mai oltre l'abuso e ritornare sempre al conforto e alla sicurezza di ciò che conosci?

Nota dove senti queste domande nel tuo corpo. Ovunque tu senta, è il luogo in cui esprimi giudizi.

Quando giudichi gli altri, difendi, separi, neghi e prendi le distanze da ciò che non sei disposto a vedere in te stesso. Questo perché gli altri ti riflettono ciò che effettivamente giudichi dentro di te. Questo ti lascia intrappolato in una visione limitata di chi sei veramente. Quindi, quando punti il dito contro quello che è successo ieri sera, la scorsa settimana, il mese scorso o 20 anni fa, stai negando, prendendo le distanze, separando e difendendo te stesso da qualcosa di cui non vuoi essere responsabile. Ecco perché è così difficile lasciare andare. È anche per questo che rimani intrappolato nella tua gabbia.

Poiché il giudizio riguarda la svalutazione e la negazione di ciò che non vuoi o non puoi vedere in te stesso, infliggi o proietti il giudizio sugli altri per alleviare la pressione su te stesso. Ma questo non è l'unico modo per alleviare questa pressione. Ad esempio, quando lavoro con un cliente, gli lascio rilasciare energicamente questa pressione, questi giudizi, nella terra. Puoi anche abbandonare gradualmente il tuo giudizio. Tuttavia, ho la sensazione che quando passi una vita a giudicare te stesso, ti sforzi sempre di creare cambiamenti enormi nella tua vita perché credi che qualcosa debba cambiare affinché tu stia bene. Ma il successo può essere solo una fase del cambiamento.

Ad esempio, se sei un capitano di una nave e cambi la rotta del Nautilus di un solo grado, si tratta di un enorme cambiamento nella traiettoria della barca sull'oceano, un grande movimento. Mentre un grado sembra piccolo intellettualmente, uno spostamento di un grado è un enorme cambiamento, un enorme movimento nel regno della creazione dopo l'abuso.

Cosa cambierai di un grado oggi? Usa il seguente esercizio energetico per compiere il tuo primo cambiamento un grado oltre il giudizio,

ESERCIZIO ENERGETICO: RILASCIA I TUOI GIUDIZI NELLA TERRA

I giudizi ti spengono e ti separano dal tuo corpo. Il primo passo per superare il giudizio è riconnettersi con il proprio corpo. Siediti in un posto tranquillo, chiudi gli occhi e fai qualche respiro profondo. Respira attraverso la bocca per connettere mente e corpo. Espandi la tua energia in profondità dentro e attraverso la terra. Portalo ovunque senti una pesantezza o una densità e gettalo a terra con un respiro profondo. Questa è un'offerta alla terra. Sacrificare i tuoi giudizi alla Terra libera il tuo corpo dalla densità e dalla pesantezza che impediscono alla libertà, allo spazio e alla verità di diventare la tua realtà. La terra è veramente lo spazio dove non dimora il giudizio.

Tutto ciò che diamo e contribuiamo alla terra con i nostri corpi viene divorato dalla terra. Diventa come combustibile per la terra e può rigenerarla. Può essere prelevato dal nostro corpo in modo da non doverlo più indossare e utilizzato per il bene della terra.

Offrite i vostri giudizi come contributo alla terra. Ciò include i tuoi giudizi sulle seguenti cose:

- Tua madre, tuo padre, tua sorella, tuo fratello, i tuoi nonni, le tue zie o zii

- Il tuo corpo e alcune parti del tuo corpo, la parte anteriore, la schiena, cicatrici o dolore e disagio cronico
- I tuoi molestatori

Lasciali andare tutti. Offriteli tutti alla terra come dono e contributo. Poi riporta la tua energia dentro di te, senza giudizio, su dalla terra. Ricevi dalla Terra. Ora espandi la tua consapevolezza e nota ciò che percepisci nel tuo corpo. Sei più leggero o più pesante? Hai più o meno spazio?

Puoi rilasciare i tuoi giudizi sulla terra ancora e ancora finché non senti un senso di pace e possibilità.

Generare dal passato

Se sei ancora aggrappato alla tossicità del tuo passato, stai essenzialmente vivendo la tua vita come il bambino o la versione più giovane di te stesso che ha subito abusi. Se hai subito abusi, alcune delle reazioni e interazioni umane tipicamente positive possono sembrare distanti, come se non ti appartenessero o non potessi raggiungerle. La gentilezza può sembrare estranea. La gratitudine e la generosità sono scomode e difficili. L'amore può sembrare pericoloso.

Lo shock e il trauma di ciò che è accaduto ti hanno prosciugato il divertimento e la giocosità e li hanno sostituiti con ipervigilanza, controllo, rigidità e dominio. Tutto diventa un lavoro di routine e, così facendo, limiti la tua capacità di andare avanti nella vita.

- Come superi i tuoi abusi?
- Come puoi aggiornare il tuo subconscio e sostituire le vecchie convinzioni basate sugli abusi con altre nuove che ti riconnettono a stati emotivi più positivi?
- Come puoi riscoprire la gratitudine per te stesso, la tua gentilezza e il tuo amore per te stesso?

Quando cerchi di ancorare aspetti positivi in te stesso, come l'amore o il gioco, la generosità o la gratitudine, potrebbero esserci situazioni in cui pensi: " Non so proprio come farlo". Questo è simile al tuo computer che ti dà un messaggio "File non trovato". Se negli ultimi dieci anni o più hai vissuto in una posizione di ipervigilanza, controllo e rigidità, come fai a sapere quale sarà il prossimo passo?

· · ·

Aggiorna le tue convinzioni

Se il tuo computer fosse pieno di polvere, probabilmente prenderesti un contenitore pieno di aria e spray per pulirlo. Ma quando si tratta del nostro mondo interiore, la maggior parte di noi mantiene quelle palline di polvere esattamente dove sono. Chiamiamo questa familiarità o zona di comfort. È solo che la nostra zona di comfort di solito è piuttosto scomoda. Nel frattempo, ti ritrovi a bloccare e a non invitare tutto ciò che c'è di buono nella tua vita. Potresti dire di essere felice, ma questa è una falsa sensazione di felicità: esiste solo in superficie e non nel profondo. Allo stesso tempo, ti ritrovi a prendere pillole per la depressione o a fare altre cose che ti distraggono o sopprimono i tuoi veri sentimenti.

Per vivere una vita cosciente, la vecchia programmazione che affonda le sue radici nell'abuso deve essere ripulita, eliminata e sostituita, altrimenti continuerai a sbattere contro lo stesso limite o soffitto di vetro mentre la combatti. Ma non puoi superare gli abusi se combatti.

Superi gli abusi imparando a scegliere diversamente: da una vita che non è in armonia e unità con te stesso a una vita di impeccabile integrità.

Primo passo: diventare consapevoli

Come per molti dei concetti che vi ho presentato in questo libro, il primo passo è la realizzazione. Quando chiedo alle persone se sanno come riscoprire la gratitudine, la gentilezza e l'amore per se stesse, alcuni dicono di non averlo mai avuto. Ma anche se i tuoi abusi sono iniziati due giorni dopo la tua nascita, hai avuto almeno un giorno in cui non hai subito abusi. Quindi c'è stato un tempo in cui hai sperimentato gratitudine, gentilezza e amore. Potresti aver avuto più esperienze con la sorveglianza, il dominio e l'abuso, ma c'è stato ancora un momento in cui esisti oltre l'abuso.

Fase due: riconoscere la sfiducia

Il secondo passo è riconoscere quanto diffidi degli altri. Lo scetticismo e la condanna mantengono la gabbia al suo posto. È come un'altra versione della gabbia degli abusi. La sfiducia, lo scetticismo, il giudizio, la sorveglianza, il dominio, il controllo e la rigidità formano ulteriori muri della tua gabbia che ti racchiudono e ti limitano.

. . .

Fase tre: Abbassa le tue barriere

Per sostituire la programmazione subconscia che mantiene la gabbia in posizione, devi abbassare le tue barriere. Ci vuole una profonda determinazione, che a volte chiamo "testardaggine della coscienza", per dire "no" al modo in cui l'abuso è immagazzinato nella tua mente e nel tuo corpo. Devi iniziare lasciando andare le decisioni, i giudizi e le conclusioni che hai fatto quando avevi un giorno, tre anni, otto anni o qualunque età avevi quando è iniziato l'abuso. Ricorda che allora avrebbero dovuto aiutarti, ma fanno parte di una programmazione obsoleta. Non ti aiutano più, ma in realtà ti danneggiano.

ESERCIZIO SUL DIARIO: DIVENTA CONSAPEVOLE

Annota le situazioni, le esperienze, i tempi, i luoghi, le persone e le dinamiche della tua vita in cui desideri permettere gentilezza, amore e gioco, ma più lo desideri, più lotti e spingi contro le sbarre della gabbia.

COSA AMI DELLA GABBIA?

Se vuoi lasciare la gabbia alle spalle, devi ammettere che una parte di te "ama" la familiarità e il comfort della gabbia. Naturalmente lo dico senza giudizio. Come esseri umani, facciamo sempre ciò che amiamo. Cosa ti piace della tua lotta?

- Ci si sente più sicuri?
- È spaventoso essere vulnerabili?
- Hai paura che i cambiamenti possano ferire gli altri?
- Riesci a tollerare l'incertezza quando pensi al futuro?

Questi sono i tipi di idee o convinzioni che ti impediscono di andare avanti, correre rischi e fare le cose in modo diverso. Il problema è che la stessa dinamica ti porta a giudicarti ancora e ancora. Questo a sua volta ti porta a separarti dagli altri, il che a sua volta ti porta a separarti dagli altri.

Finché c'è un vantaggio nel conservare i vecchi file e non svuotare il cestino, sei certo che sarai sempre vittima del tuo passato e rinchiuso in una gabbia. Manterrai i comportamenti che ti hanno portato dove sei oggi. Non permetterai mai a te stesso di andare oltre uno stato limitato di realtà. Questo ti lascia letteralmente sposato con la tua realtà violenta.

Quindi, se non aggiorni il tuo sistema operativo subconscio, sei come un crepacuore in attesa di accadere. Crei una vita disastrosa, o non inviti denaro, o metti fine a un'altra relazione.

I TUOI SISTEMI DI CREDENZE

Le tue convinzioni su come rispondere al mondo si basano su ciò che hai imparato. Si formano dalla prospettiva del trauma.

- Se attiro l'attenzione, verrò abusato.
- Se vengo visto, subirò abusi.
- Se guardo qualcuno, verrò abusato.
- Quando vedo qualcuno mi insulto.
- Se esco, subirò abusi.
- Se faccio qualcosa di prezioso, subirò abusi.
- Se dico qualcosa, verrò insultato. Se dico qualcosa, verrò insultato.
- Se faccio qualcos'altro, verrò abusato.

Quando convinzioni obsolete come queste governano la tua vita, ti comporti comunque come se ciò che hai deciso quando hai subito un abuso fosse vero. Stai ancora agendo attraverso i filtri del tuo sé più giovane, rispondendo alla programmazione mentale creata molto tempo fa.

LE TUE FREQUENZE DI VIBRAZIONE

Essenzialmente, a causa della frequenza di risonanza dell'abuso – la tua vibrazione complessiva – le tue attuali convinzioni inconsce attirano più abusi e tu entri in risonanza con altri che hanno la stessa frequenza. Ciò non significa che ci sia qualcosa di sbagliato in te o che tu abbia dei difetti, perché succede continuamente. È qui che le persone sentono parlare della legge di attrazione e pensano di essere loro stesse a causare l'abuso. In realtà non l'ho "creato", ma sono rimasto catturato dalla sua frequenza. Le pareti della gabbia che vedevo come la mia realtà e le informazioni immagazzinate nel mio subconscio facevano sì che altre persone con una frequenza simile potessero egua-gliarmi.

Quindi, se una qualsiasi di queste cose si applica a te, sono le tue convinzioni che ti impediscono di vivere in modo radicale o addirittura di essere presente nel momento. Finché parti dal passato e dalle convinzioni che da esso sono scaturite, sarai sempre nella frequenza di risonanza dell'abuso.

RIEMPI LA TUA MENTE CON QUELLO CHE VUOI

Quando cambi le tue convinzioni, è "fuori il vecchio, dentro il nuovo". Capire quale qualità di vita desideri richiede un po' di esplorazione e lavoro. Il modo per arrivarci è trovare lo spazio o il luogo nella tua vita in cui sei più felice.

- Dove ti senti più a tuo agio nel tuo corpo?
- Dove ti sei sentito sicuro, protetto e vivo allo stesso tempo?

Scopri quali sono queste situazioni e inizia ad ancorarle nel tuo corpo come nuove esperienze. In questo modo, puoi creare dall'interno una nuova base per la tua vita che ti offre nuove scelte. Puoi anche iniziare scegliendo attivamente le qualità che apprezzi, come la gentilezza, la generosità, la gratitudine e l'amore. Devi scegliere attivamente esperienze più gioiose che portino leggerezza ed espansione al tuo corpo, anche se all'inizio ti sembrano estranee.

Per cambiare il tuo sistema di credenze, devi prima decidere da solo. Devi scegliere ciò che va oltre ciò che ti è stato imposto. Devi scegliere con una forte consapevolezza, una vitalità radicale e una presenza aggressiva. Devi prendere la decisione di dire "no" a ciò che non vuoi e "sì" a ciò che vuoi.

Questo è il punto che la maggior parte delle persone non vede. "Provano" le nuove qualità di gioia ed espansione e si sentono inadeguati perché non sono abituati a vibrare a queste frequenze. Quindi dicono: "Questo non fa per me" e tornano ai loro vecchi modi familiari. Se lo fai, ti stai arrendendo agli abusi. Se lo fai, stai dicendo che *non sei* gentile, generoso o grato. Quando lo fai, dici che *non sei* amore. E questa è una bugia assoluta.

Sei già gentile, generoso, grato e amorevole.

La maggior parte di noi che hanno subito abusi sono gli esseri più gentili, gentili, vulnerabili, saggi, intelligenti e belli che abbia mai incontrato su questo pianeta. Puoi scegliere di toccare questo vero spazio di te stesso piuttosto che la realtà che ti è stata imposta. Anche se all'inizio sembra essere solo il tuo mignolo, trova un punto nel tuo corpo che sa che è il riflesso di gentilezza, generosità, gratitudine e amore - un punto nel tuo corpo che sa che quando sei nella natura, in terra, nell'aria e nell'universo, dentro di te risiedono solo la bontà, la generosità, la pace e la tranquillità. Se riesci a farlo, inizierai a cambiare la tua vita.

Può sembrare ridicolo che per alcune persone valga solo il mignolo , ma anche questo può essere un grande cambiamento. A volte quel mignolo è l'unico punto in cui un medico o un'infermiera ha toccato qualcuno alla nascita, ed è l'unico tocco amorevole che lui o lei abbia mai avuto. So che sto usando un esempio estremo, ma spesso lavoro con persone che affermano di non aver mai sperimentato il tocco amorevole nella loro vita. Sebbene ciò possa essere in gran parte vero, vogliamo anche essere in grado di attingere dalle più piccole quantità di amore, gioia e gratitudine che conosciamo ed espanderle in modo che diventino la nostra realtà e non siano più un'eccezione, come avrebbero potuto essere prima. Devi trovare il luogo in cui queste qualità esistono come spazio di autenticità nel tuo corpo e sfruttarlo.

ESERCIZIO ENERGETICO: ESPANDI ENERGIA E COSCIENZA NEL TUO CORPO

Una volta che scopri lo spazio nel tuo corpo che sa chi sei veramente, lasci che quella parte sorrida. Anche se fosse stato solo un secondo di tocco amorevole quando eri bambino, lascia che si estenda al dito successivo, e al dito successivo, e al dito successivo, e al pollice, e poi alla mano, e poi al braccio.

Anche se non ricordi il tocco affettuoso di un'altra persona, attingi alle tue risorse. Pensa a tutti i momenti della tua vita in cui ti sei sentito felice e libero e sintonizzati con la gentilezza innata, la generosità, la gratitudine e l'amore che sei veramente al di là dell'esperienza. Allungalo finché non diventa sempre più grande. Allora non c'è più solo il mignolo nel tuo corpo, ma tre quarti del tuo corpo. E poi alla fine diventa tutto il tuo corpo.

Con la pratica, scoprirai di avere un nuovo sistema operativo basato sulle virtù di chi sei veramente a livello molecolare.

In sintesi, abbiamo esaminato il modo in cui i vostri sistemi di credenze gestivano lo spettacolo. Per cambiare il tuo sistema operativo subconscio, devi fare uno sforzo cosciente per affrontare i vecchi programmi che ti controllano e dissolvere credenze obsolete che non servono più a te o alla vita che desideri. Hai quindi la possibilità di decidere attivamente quali convinzioni ti sosterranno nell'essere chi sei, nell'esprimere te stesso e nell'instillare queste nuove qualità ed esperienze, non importa quanto possano sembrare poco familiari all'inizio. Da questo momento in poi, sei pronto per vivere una vita radicalmente vibrante.

DODICESIMO CAPITOLO: VIVI RADICALMENTE VIVO

Non sono né una vittima né un sopravvissuto e certamente non un sopravvissuto. Scelgo di vivere una vita radicale e orgasmica con una presenza aggressiva che emana dentro e da me. Sono il catalizzatore, creo la mia realtà da ciò che mi nutre e mi porta gioia. Non permetterò mai più a nessuno di decidere per me, e questa è una decisione in sé e per sé, non sottoscrivere l'etichetta di "vittima", "sopravvissuto" o "esecutore" di questa realtà.

Nel vero senso della parola, hai vissuto in uno stato di morte causato dagli abusi. Ma ora è il momento di fare qualcosa di completamente diverso - una vita radicalmente vibrante - e con le idee qui presentate, questa è una possibilità reale.

Vivere una vita radicalmente vibrante non significa che non proverai rabbia, tristezza o altri sentimenti che proviamo attraverso l'abuso. Significa che ti senti a tuo agio nell'esprimere i sentimenti che provi. Puoi esprimere meglio tutte le parti di te stesso.

Immagina di avere tutta la tua forza vitale rinchiusa nella rabbia e nella tristezza inespresse, tutta la magia soppressa dalla vergogna, tutta la saggezza del tuo corpo attenuata dalla paura: immagina che tutto questo sia a tua disposizione. Quando vivi radicalmente vivo, non hai più bisogno di cercare di controllare il tuo mondo per sentirti sicuro, o semplicemente di lasciare che le cose vadano per il verso giusto nella tua relazione con te stesso, con il tuo corpo, con il tuo partner, con il tuo lavoro e con il tuo conto in banca.

Quindi la prima domanda è: sei pronto per essere te stesso?

Sei pronto per essere te stesso?

Conosci te stesso.

— ANTICO AFORISMA GRECO INCISO

NEL TEMPIO DI DELFI

Essere te stesso significa conoscere la verità su di te, al di là dei tuoi ruoli, obblighi, genere, istruzione, licenze o certificazioni, lavoro o relazioni. Significa che scegli di essere, fare, avere, produrre e creare qualsiasi cosa che sia al di fuori di ciò che qualcun altro ti ha insegnato o definito per te. Questa profonda conoscenza di te stesso - il tuo vero sé - ti libera dai sentimenti morti di abuso, ti risveglia alle piacevoli sensazioni della vita nel tuo corpo e ti aiuta a comunicare con il tuo corpo per accedere alla sua saggezza intrinseca.

Sei pronto a ricevere i doni che l'universo ha in serbo per te e scegli il piacere
e le possibilità della tua vita di nuovo?

Cosa mi rifiuto di essere?

Uno dei metodi che ho usato per svegliarmi dalla nebbia del condizionamento è chiedere:

- Cosa mi rifiuto di essere?
- Cosa mi rifiuto di essere che mi renderebbe più facile essere me stesso se solo lo fossi?

Non so esattamente come sia successo per me, ma ricordo di essermi svegliato con la consapevolezza di aver scelto la realtà di un'altra persona. Ho capito che questo si basava su tutti i punti di riferimento che avevo creato in questa vita che mi davano un falso senso di sicurezza. La mia realtà era basata sui punti di riferimento della mia famiglia, della mia educazione, del mio background, delle mie esperienze e così via. E ho capito che questo mi rendeva infelice. Inconsciamente ho cercato di distruggermi ulteriormente. La domanda "Chi non voglio essere adesso?" può davvero aiutarti a uscire da questo ciclo.

Anche nella mia vita attuale, quando noto che non mi sento vivo come una volta, mi chiedo: "Okay, chi o cosa mi rifiuto di essere in questo momento?" Potrei continuare a parlare di quanto mi sbaglio e di quanto sono cattivo perché è ciò per cui siamo programmati, ma quando ti poni una domanda come questa puoi uscire dal giudizio e fare una scelta.

ESERCIZIO DIARIO: COSA RIFIUTI DI ESSERE?

Ponendoti una domanda, eviti di ricadere nei vecchi condizionamenti, che portano a più ansia, sonno agitato, distanza e disconnessione. Una domanda ti aiuta a creare più connessione e comunità.

Ti rifiuti di essere la bellezza di te stesso?

Ti stai rifiutando di essere l'oratore che potresti essere?

Ti stai rifiutando di essere lo scrittore che sei veramente?

Ti stai rifiutando di essere il maratoneta che sai di essere?

Ti stai rifiutando di essere l'insegnante che sei chiamato ad essere?

Ti stai rifiutando di essere ciò che credi sia vero per te e per ciò per cui sei qui?

Come posso selezionarli?

Se ti sei chiesto cosa non vuoi essere, il passo successivo è chiederti:

- Come posso selezionarli?
- Cosa posso fare per esserlo adesso?

Ma la cosa va più in profondità. E se non mi permettessi più di nascondere il mio potere?

E se non ti permettessi mai di nascondere il tuo potere?

Sappi che non trovi la tua forza fuori di te stesso, ma dentro di te Ognuno di noi può scegliere in ogni momento di alzarsi e fare ciò che è necessario. Scegliamo ciò che riteniamo migliore in ogni momento e, anche se non lo sappiamo o pensiamo di non saperlo, scegliamo comunque ciò che amplia le possibilità. Quando ti dai la libertà di scegliere in ogni momento, passi dal vuoto alla vitalità radicale.

LA VITA OLTRE LA STORIA

Nel mio viaggio, ho scoperto di essere così lontano dalla mia storia che non la filtro più attraverso la percezione del giudizio. C'è felicità e libertà che arrivano quando vai oltre il giudizio. La condanna c'era sempre. Mi ha sempre accompagnato. Ero così abituato che lo indossavo senza nemmeno rendermene conto.

Vivere oltre il giudizio porta a un profondo senso di stare bene con chi sei. Mentre svolgiamo questo lavoro , *svilupperai* una comprensione più profonda delle tue esperienze di abuso.

È la sensazione che "Non poteva prendermi. Non poteva prendere la mia anima. Non poteva avere tutto di me. Sono ancora quello che sono e quello che ero, sto solo meglio."

Sì, l'abuso è avvenuto. Forse qualcun altro ti ha messo le mani addosso. Ma comunque non sei mai stato veramente tu. È stata la persona che ti ha imposto la sua realtà. Chi dice che solo perché è accaduto un trauma devi diventare qualcosa di diverso da quello che eri? Quindi, invece di cedere il tuo potere a un evento o a un colpevole - qualcosa che in realtà non ha mai avuto niente a che fare con te - perché non tornare a chi sei e a quello che sei sempre stato e liberarlo?

Solo perché la realtà lo chiama trauma, abuso o disturbo da stress post traumatico (PTSD) e ci sono alcune cose che dovresti sperimentare a causa di ciò, non significa che tu debba effettivamente farlo. Puoi scegliere di ascoltare, percepire, conoscere, essere e ricevere in modo diverso. Questo è il nucleo di una vita radicalmente vibrante.

perdono

Nel vecchio paradigma di guarigione dagli abusi, impariamo che per guarire dobbiamo perdonare. Ma il perdono è solo per te stesso. Il perdono significa fondamentalmente lasciare andare. È un modo per dire: "Io sono libero e anche tu sei libero".

Il perdono è per te quando scegli di andare avanti.

Parte del mio viaggio è stato ringraziare tutti coloro che hanno abusato di me, uomini e donne, per avermi reso così chiaro quale contributo fenomenale posso dare a questo pianeta e quale differenza posso fare. C'è una gentilezza in me, un'intelligenza, una cura e una sensibilità che è in tutti noi. Se non fossi stato disposto ad affrontare quello che ho passato, a scegliere di fare questo, forse non avrei avuto le parole e l'esperienza per fare il mio programma radiofonico o questo libro o per sostenere le migliaia di persone che ho raggiunto. Oggi vedo la mia vita come un'opportunità di crescita post-traumatica.

Non sto dicendo che abbiamo bisogno di lezioni come gli abusi. Sto dicendo che possiamo scegliere qualcosa di diverso, che è gioia, possibilità, generazione, creazione, fare la differenza, diffondere consapevolezza, empowerment, brillantezza e raggiungere davvero la nostra gabbia per far brillare una luce che dice: "Niente più bugie". . Stop agli abusi!" E possiamo aiutare gli altri a fare lo stesso.

Dico spesso ai miei clienti: "Non è mai troppo tardi per cambiare la tua infanzia e non è mai troppo tardi per cambiare. E non sai mai cosa può succedere alle persone nella tua vita che hanno abusato di te". Nel mio caso, il mio rapporto con mia madre è cambiato radicalmente. Entrambi siamo cresciuti e cambiati in modo da poter sviluppare una relazione meravigliosa e amorevole. Questo è un regalo che non avrei mai potuto immaginare. Ora, a 50 anni, so cosa vuol dire avere una madre e cos'è l'amore incondizionato. Questo è davvero quello che ho sempre desiderato da lei e ora lo è. Il ciclo del passato si è chiuso ed è completo. Tutto ciò che conta è che amo mia madre e mia madre ama me. Sono libero. E lo è anche lei.

È difficile scrivere un libro come questo. La verità non è sempre bella. Ma guariamo, cresciamo e cambiamo quando svolgiamo questo lavoro, e spesso lo fanno anche coloro che hanno abusato di noi. Questa è la grazia di una vita radicale e orgasmica. Sei pronto per questo? Sei pronto per più vivacità ?

Universo, mostraci le meraviglie e lasciaci essere tutti liberi!
E così è!

ESERCIZIO ENERGETICO: ESPANDERSI ALLA VITA RADICALE

Chiudi gli occhi e metti le mani sul timo e sull'osso pubico. Respira attraverso la bocca tre volte e dì: " CIAO CORPO! CIAO CORPO! CIAO CORPO! CIAO ME! CIAO ME! CIAO ME! CIAO TERRA! CIAO TERRA! CIAO TERRA! " Espandi la tua energia per raggiungere i quattro angoli della stanza tocca dove sei e inspira. Espira più che puoi: su, giù, destra, sinistra, davanti e dietro. Inspira da davanti, inspira da dietro, inspira da destra e inspira da sinistra. Respira dai piedi e scendi fino alla testa. Ripeti tutti i "Ciao" sopra. Di' ad alta voce: "SONO CAMBIATO E SO DI AVER CAMBIATO PERCHÉ _______________ (riempi lo spazio vuoto)." Dillo 3 volte. Apri gli occhi.

Nota come ti senti e se la tua energia cambia.

Liberare il sopruso del mondo dal tuo corpo

Quelli di noi che hanno subito abusi sono spesso sensibili alle esperienze di abuso del mondo perché sanno cosa si prova, che odore e che sapore hanno. Può sembrare che i nostri corpi siano programmati per essere ipervigili in questo modo. È come un'antenna che odora, gusta e sa dove si trova l'abuso. Anche se non lo percepiamo a livello cognitivo, cosciente o visivo, la nostra memoria cellulare ne è responsabile.

Chiediti

La gravità che ho vissuto quando ho percepito l'abuso degli altri è parte di me? E mi aiuta ad adattarmi ad esso e a sperimentarlo con i miei sensi?

Ora hai una scelta. Hai la scelta di ascoltare i sussurri di tutte le voci che abusano di noi tutti per l'eternità e ci chiamano avanti. Forse ancora più importante, hai la scelta di ascoltare quei sussurri e dire: "Smettila. È tempo per me di lasciare andare gli abusi che gestiscono la mia vita. Porre fine agli abusi inizia con te e la tua decisione, qui e ora.

Quindi mi chiedo... cosa sceglierai?

io dico:

1 2 3 4 RUGGITO

Niente più abusi!

La dottoressa Lisa Cooney, una pioniera della trasforma-zione personale!

Come terapista matrimoniale e familiare autorizzata, Master Theta Healer e dinamo a tutto tondo, è la mente dietro Live Your

ROAR! Be You! Beyond Anything! Creating Magic! La dott. ssa Lisa ha guidato innumerevoli anime in un viaggio dai momenti difficili, come le lotte infantili, all'abbraccio di una "Radically Orgasmically Alive Reality" (ROAR®).

Con un dottorato in psicologia e un bagaglio pieno di doni straordinari, tra cui Reiki, Theta Healing, Termo-metria, Terapia del respiro, Psicodramma, Terapia dei sogni, Spiritualità socialmente impegnata, Ipnoterapia centrata sul cuore e Ipnosi profonda basata sullo sciamanesimo, la Dott.ssa Lisa è un'esperta certificata.

La magia della Dott. ssa Lisa deriva dal suo personale percorso di guarigione, che l'ha portata a superare non solo i problemi dell'infanzia, ma anche a sconfiggere una malattia mortale. Al centro dei suoi insegnamenti trasformativi ci sono quattro principi d'oro: Scegli per te, Impegnati con te, Collabora con le benedizioni cosmiche e Crea la vita che desideri, in sostanza, le 4 C per una trasformazione strepitosa.

Guru ricercato e giramondo, la Dott. ssa Lisa tiene lezioni, workshop e discorsi elettrizzanti in tutto il mondo. Nota per il suo vivace mantra "Ce la farò !... Non importa cosa!", la Dott. ssa Lisa insegna alle persone come cavalcare le onde dell'energia magica e creativa per una vita che non è solo leggera e giusta, ma decisamente deliziosa.

Puoi trovare la sua presenza vivace nel suo show su Voice America Empowerment Channel, dove ogni settimana si collega a migliaia di ascoltatori entusiasti. Puoi anche leggere i suoi altri libri di successo internazionale, tra cui *Radically Alive Beyond Abuse* e *Creating After Abuse* .

www.ingramcontent.com/pod-product-compliance
Lightning Source LLC
Chambersburg PA
CBHW060918140726
47996CB00001B/292